王黎明 著

一 个 企 业 经 理 人 的 醒 悟

企业不要管理

泼给企业管家们的凉水

黄河出版传媒集团
宁夏人民出版社

图书在版编目(CIP)数据

企业不要管理 / 王黎明著. — 银川：宁夏人民出
版社，2010.10

ISBN 978-7-227-04576-2

Ⅰ.①企… Ⅱ.①王… Ⅲ.①企业管理—研究 Ⅳ.
①F270

中国版本图书馆 CIP 数据核字（2010）第 209092 号

企业不要管理

王黎明　著

责任编辑　张　妤
封面设计　晨　皓
责任印制　霍珊珊

黄河出版传媒集团
宁夏人民出版社　出版发行

地　　址　银川市北京东路 139 号出版大厦(750001)
网　　址　www.nxcbn.com
网上书店　www.hh-book.com
电子信箱　nxhhsz@yahoo.cn
邮购电话　0951-5044614
经　　销　全国新华书店
印刷装订　宁夏捷诚彩色印务有限公司

开本　720mm×980 mm　1/16　　印张　13.25　　字数　150 千
印刷委托书号(宁)0005686　　印数　5000 册
版次　2010 年 11 月第 1 版　　印次　2010 年 11 月第 1 次印刷
书号　ISBN 978-7-227-04576-2/F·338

定价　22.00 元

聪明与智慧的较量

企业 不要管理

企业不要管理这一命题，显然是不符合潮流的。与企业管理理论唱反调，是不是故意标新立异？其实，随便翻开一页看看就会打消这种疑问。不要，小者见小，大者见大的问题。那么，我就改变一下习惯，先从大话题说起吧。

这个世界上的人越来越稠密，人想要的东西越来越多。人想要的东西多，而可供人们索取的东西少，于是供求关系难以平衡。为了达到相对的平衡，只好将人们的需求欲望委屈地控制在一个有限的范围内。

随着人类的文明进步，为了有效控制，逐渐出现了国家与法律之类的这些管理形式和内容，规定人能在哪里不能在哪里，能要些什么不能要些什么，能做什么不能做什么。同时伴以宗教信仰无形的管理渠道，引导、暗示人们应该"要"的都有哪些东西，理应"不要"的是哪些方面。

有形的管理侧重于外力约束个人，无形的管理侧重于内心的自我约束。有形的管理也好，无形的管理也好，其实都是说的一个事，那就是要求人理性地控制住自己的欲望，少要一些。世界原本就这么大，你的财富空间、幸福快乐、痛苦悲伤的空间也就那么大，这个要多了，那个就得减少；不该要的要多了，该要的就要不了那么多了。

这些话题猛听上去觉得有些大、有些飘，实际上与我们身边的生活紧密相连。我们小时候生活在20世纪70年代，物质生活"低标准"，最深的记忆就是吃不饱。那时能吃的东西留不下，不存在要不要吃的问题；现在，对我来说吃的东西太多了，我对美食更多的在乎于哪些要吃、哪些不要吃会最有利于健康。这样看来，一个健康的身体不是吃出来的，也是吃出来的，确切地说，是在众多的"要"吃与"不要"吃之间控制选择出来的。因为我们知道，贪婪是人的本性，无尽的欲望是我们人类驱赶不走的天敌。我们每个人生命的旅程本身就是一个漫长的选择过程，取与舍，要与不要，是我们一生要面对的考验。

在我经历的20世纪八九十年代那个企业发展的火红岁月里，走进企业，眼睛能看到的，耳朵能听到的，大多是要规模、要速度、要效益、要面子、要出头。该要的要了，不该要的也要了；"要"

的太多，"不要"的太少。结果呢，不少企业欲望太多，身子太重，走不快、走不远，半途而废的不少，令人叹息。翻开企业管理书籍，走进企业管理培训班，讲企业"要"的太多，讲企业"不要"的太少。想想自己在企业时，那风那雨那阳光，成功也许是因为起初要的东西太多，用官面的话说是有理想、有抱负；失败是因为后来不要的东西太少，装东西的空间有限，东西多了就满了，满则溢，上面不冒下面就得漏，是个迟早的事。那时不成熟，不懂得扔"破烂儿"。

前些年，美国的一些金融机构太贪心了，要的太多了。要的越多，身上背的就越重，终于到了2008年年底，走不动了，危机四现：次贷危机、金融危机、经济危机、社会危机。号称世界上管理制度最健全、最科学、最严密的美国高级金融机构犯了一个很低级的错误。表面上是那么几家金融机构、几个不负责任的高管制造了一场骗局，其实本质在于人性的贪婪。要的太多，没有适度与节制，贪婪而不能全得，为了扩大规模，追求高利，降低信用等级，自欺欺人，互相欺骗。部分美国人与全世界很多人的膨胀野心取得了一致与默契，共同在地球上吹起了一个大气球，这个气球无限度地吹下去，在有限的时间里破灭成为必然的结果。一场闹剧的代价是少数美国人为自大埋单，世界多数人民为膨胀的人性刷卡。

人，冲出给你划定的地界是要受到惩罚的；人，实在是很幼稚；人，实在是胜不了天的。尽管"人有多大胆，地就有多

企业 ENTERPRISE 不要管理

大产"已被当做笑料，但"人定胜天"的幼稚想法却还在无形中控制着我们的神经，人们经常在错乱的情况下瞎子摸象、盲目行事，其结果是自讨苦吃。诚然，人只有老老实实地尊重自然、学习自然，才能顺应自然，才能得所想得、要所想要的东西。

我们这一代人，从30多年前恢复高考进入大学校园开始，伴随着改革开放的全过程，在企业波波折折成长的进程中，在人生起起伏伏的道路上，也该歇歇脚，清理一下自己的思想空间。

当我们的企业从2008年大悲大喜中走出来，当我们一口气跑了30年，当金融危机袭来的时候，客观上我们不得不慢下脚步，不得不冷静下来，也许现在正是让我们回味沉思的最佳时间。

我们国家的改革开放走过了30年，成就不简单。不过，对于一个有着几千年历史的农业文明古国来说，我们仅有的30年现代化企业发展历史还显得微不足道，不敢轻言成功、成熟。我们的企业还处在出生不久的幼年期，在今后的成长期间，还有太多的"要"与"不要"等着我们去选择。该"不要"的不要了，剩下的就是该"要"的，就是我们企业应该集中精力去做好的那些事情。

"要"，是一种本能，是技巧，是小聪明；"不要"，是一种理性，是勇气，是大智慧。

目录

○ 世界原本就这么大，你的财富空间、幸福快乐、痛苦悲伤的空间也就那么大，这个要多了，那个就得减少；不该要的要多了，该要的就要不了那么多了。

○ 部分美国人与全世界很多人的膨胀野心取得了一致与默契，共同在地球上吹起了一个大气球，这个气球无限度地吹下去，在有限的时间里破灭那是必然的结果。一场金融闹剧的代价是少数美国人为自大埋单，世界多数人民为膨胀的人性刷卡。

○ 当我们的企业从2008年大悲大喜中走出来，当我们一口气跑了30年，当金融危机袭来的时候，客观上我们不得不慢下脚步，不得不冷静下来，也许现在正是让我们回味沉思最佳的时间。

○ 该"不要"的不要了，剩下的就是该"要"的，就是我们企业应该集中精力去做好的那些事情。"要"，是一种本能，是技巧，是小聪明；"不要"，是一种理性，是勇气，是大智慧。

○ 企业，按我的理解就是企图实现的事业。企,是目标;业,是过程。企,用文字的象形法去看，是描绘人用脚丫子走路的印记；用文字的会意法来领会，是说人走路时要懂得怎么"止"。这个"止"不是停止的动作，强调的是适可而止的行为理念。"适可"就是对度的把握——温有度，高有度，凡事都有度，适度为度。

酸——名声之累——雷声大雨点小——钱权之累——钱不由衷——
管事管人之累——动口也动手——不管就不累——管理的道德

○ 虽说人在江湖身不由己，但脚毕竟是长在人的身上，人总不
能扛着脚丫子走路吧。江湖的山有高有低，江湖的水有深有浅，
我们改变不了这些形状尺寸。上山入水还是下山出水，我们
却是可以有效选择的。

洋快餐——急功近利——暴教——暴学——市场驱动——奶酪喝醉
了狼——吃自己能消化的东西——听自己能明白的话——全世界都
在说中国话

○ 我不是在创作，而是在客观地记录曾经的思想印记。我要写
的东西一定是那些从内心涌出来的，不说出来难受，不说出
来觉得对不起朋友，对不起那些曾经同乐共苦的弟兄们。

○ 我所关注的是事前的"天气预报"，不是暴风雨后的事故报道。
我探讨的都是小病，预防的是大病；我用的都是土方子，用
土罐子熬中药，希望能治杂病、治土病、治慢性病。

○ 当这些稿件整理得差不多的时候，我才发现自己真的已经将
大半个身子都陷进企业了。当这部书定稿的时候，我发现自
己已经是个真真正正的企业人——做企业的事，悟企业的事，
写企业的事——将来能做一家正规的企业医院，成为一名合
格的企业中医。

企业 ENTERPRISE 不要管理

凡事都有度

○ 企业，按我的理解就是企图实现的事业。企，是目标；业，是过程。企，用文字的象形法去看，是描绘人用脚丫子走路的印记；用文字的会意法来领会，是说人走路时要懂得怎么"止"。

○ 这个"止"不是停止的动作，强调的是适可而止的行为理念。"适可"就是对度的把握——温有度，高有度，凡事都有度，适度为度。

战略，不要站得太高

大与小——大部队的小战术——大山里的操练——小企
业的大战略——沙盘上的创作——企业不适合规划战
略——世界太大——企业太小——不成比例——世界不
可控的东西太多——企业只能跟着走——找自己的位
置——能站多高就看多远——高度也有限度——适合自
己的高度才是真正的高度

大小、远近、高低、上下、左右，世界给我们的比例关系
很多，找到自己的位置很难，拿到自己想要的东西不容易。适
合自己的，才有可能是自己的，这是我干企业多年后的一个切
身体会。下面，先从我的相关经历说起吧。

▊ 大部队的小战术

1983年，我到陆军学院上学，学校在当时是个军级单位，
与地方的省级平行，应该算是个大部队了。但进校以后才知
道，原来这个大部队教练的都是些小战术。

学校培养的目标很明确，就是部队的连排长。教学训练的主要内容是单兵战斗技术动作及连排作战战术。战术就是打仗的技术，是针对出现的敌情如何分析判断、组织兵力、布局火器，如何确定进攻防御重点及对可能出现的情况进行预案处置。归结起来就是如何打、如何防，如何充分发挥自己的优势，如何攻击对方的弱点，赢得主动，取得胜利。

我们的战术教学课堂直接设在山里的训练场上，实地实战操练。教员上课从来不是先讲战术理论，而是通过一系列的引导和启发，让你自己观察眼前的现象，然后自己去判断、处置、总结。战术课开始，我们学员全副武装隐蔽在障碍后面充当侦察兵，教员以上级指挥员的身份安排布局。首先，公布上级传来的一些情报，这些情报一般不全面，多数是一些现象的描述，而不是情况的判断或结论。其次，让我们观察周围各个山头的情况，重点寻找变化异常之处，结合情报信息，判断敌情，重点研究确定敌人的主力可能在哪里？敌人重点防守和进攻的部位可能在哪里？对方的战术用途表明最终的意图何在？第三步，针对敌情，对敌我地形、兵器、人员等战斗力的优劣进行对比分析，讨论研究我们应从哪个部位展开攻击更有利、有力，进而安排兵力、武器，从而初步确定我们的基本战术方案。在此基础上，假设有可能出现的种种情况，设置多项预

○ 黎明企业观

> 有个不错的歌叫《中国话》，里边说，全世界都在讲中国话，孔夫子的话越来越国际化。中国人更得说中国话，这是时髦的正版。

案，顺利时怎么做，不顺利时怎么做，胜利了怎么收场，失败了怎么撤退，每个环节、每个人的任务简单明了。第四步，按照确定的战术方案，我们的角色转换为战士，进行实战演练。

战术课的最后一个步骤是教员引导我们对整个演练过程进行梳理点评，小结得与失，让我们自己找出有规律的现象及特点，教员在大家讨论的基础上归纳总结，这个总结其实就是战术理论。这样的理论学了以后能忘记吗？20多年过去了，当时训练的情景仍历历在目，每个场景都清晰可辨，其中的方法以及方法中的道理早已融入到我的世界观里，无论是做企业还是做人、做事，至今都还在深刻地影响着我。

小企业的大战略

后来，我自己在一些企业工作过，接触过很多企业，大多在当地算是中等企业，若放在全国市场里，勉勉强强只能算是小企业。但我们的小企业——也许是因为小——反而对大战略情有独钟。

前十来年，随着美欧企业管理案例热传，一批为企业做战略规划的队伍也应运而生。这批做企业战略规划的大多都是从国外留学回来的"士"以及高校里的教授、理论研究专家，他们之中听过、看过、研究过企业的人不少，但真正做过企业的人却并不多。他们的企业营销战略规划的基本理论是，过去我

们的企业比起外国的企业之所以没有做好、做大、做强，是因为我们的企业抱负不够远大，缺乏长远战略眼光，缺乏企业战略规划。因此，企业管家要站得更高，才能看得更远。战略，就是企业登高望远制胜的法宝。这些话猛地听起来非常符合逻辑，有道理。是的，战略能使小企业快速成长，这话一时真能让人心动。于是，不少企业管家便成为企业战略规划的推崇者、推动者，当时我也曾经是其中的一员。

说实在话，很多企业管家听了不少培训课，看了不少资料，对战略问题到最后并不见得真正搞明白。但因为大家都在侃侃而谈企业发展战略，自己不谈、不搞企业战略规划觉得不时尚，缺乏高度，跟不上时代步伐，不好意思，于是也就凑起热闹有模有样地搞起了企业的战略发展规划。经过一番热闹之后，几大本子东西摆到眼前。真漂亮，纸张讲究，印刷精美，图文并茂，尤其是那些数据模型分析图，让人不由得肃然起敬。这些东西首先被摆放在管家们案头的显眼处，尽管没有决心通读一遍，而且有的图表还看不懂，但还是见人就说，逢会必谈，反复要求各级部门、全体员工认真学习、深刻领会。

可过一段时间就会发现，能对上铆的并不多，因为专家的战略构想太远大，实际工作问题太具体。于是，战略的目标渐渐变得模

○ **黎明企业观**

按我个人不正规的说法，"企业家"，就是在企业里忙碌着想挣钱的那些家伙，就是企图干一番事业的那些家伙。我们面临的问题在于，那些家伙总是不敢承认自己企业的商业动机是自私自利的，企业越大越不敢说实话，越要戴着面具去表演。

糊起来，战略的内容渐渐地被遗忘，战略的热情慢慢地在减退。对着这一厚本子战略，看上去是个东西，用起来又不是个东西，可毕竟是自己决定的，而且还花了那么多的钱搞出来的，最后，只能支支吾吾地说东西还是个好东西，留下以后慢慢用吧。于是，这些册子逐渐由桌面案头退到后面书柜里，进而隐居在资料室的库房里。

现在回想起来，在我的工作经历里，几乎每一个工作过的企业、单位都曾有过类似战略发展规划这样的东西。印象中只能记起当时战略规划都是厚厚的一本子，封面很讲究，印刷很精美，内容很全面，文法很严谨，但里面的内容早就记不起来了，模模糊糊的，好像感觉都差不多。大致内容三分之一是大家都说的套话，三分之一是没法实施的大话，剩下三分之一是各类文件写的当时可有、过后可无的那些话。可想而知，当初战略中所筹划安排的与后来的现实变化相距有多远，有的甚至完全不着边。慢慢的，也就把这些战略规划淡忘了、遗忘了，多数情况都不了了之了，只是在制定下一个战略规划时，老战略规划才又被从仓库的尘封中请出，继续充当新战略的"饺子馅"。

战略，本来就不是企业要做的事

我常常把军校里的"大部队的小战术"与企业里的"小企

业的大战略"相比，找出了很多不同之处。其中最有代表性的不同之处在于：小战术是在大山里演练出来的，而大战略却是在小沙盘中创作出来的。这就是造成我们不少企业管家说话像领导、干活像阔少、眼高手低的主因。多年的经验教训使我深深体会到，我们多数企业最急需的是实打实的小战术，而不是空洞洞的大战略。

在我现在看来，战略，只适合国家层次或者是富可敌国的跨国商业集团来考虑，因为他们手上有称得上战略性的垄断资源，这是可以谈战略的基础。战略，是个大块头，我们的企业与之相比显得太小，不成比例。可我们的企业往往不服这个气，认为自己很大，有的说我的规模大，有的说我的员工多，有的说我的级别高。有的企业觉得自己在一个地区里很大，他就很大；有的企业觉得自己在一个行业里不小，他就不小，往往都是自以为大。但再大的企业走上社会大舞台都只是个小角色，企业再大，放进一个国家里就变小了，放进国际市场里就会变得更小。过去，我们的老祖先说地球是方的，后来科学探险家证明地球是圆的，现在多数人不得不承认地球是平的，因为伟大的互联网将地球实实在在地变成了一个小村庄。地球都变得很小了，我们作为地球上的很多很多分之一的一个企业，又能大到哪里去呢？

○ 黎明企业观

> 我建议搞企业的人不一定再多看那些企业管理大全的书了，留出时间把涉及哲学、文学、宗教、自然、宇宙，甚至人体解剖方面的书都可以看看，相关的不相关的事情都可听听。不要把学习听课当做时髦，当做面子打扮自己。

我们企业的管家们常常容易被外界时尚、荣誉所诱惑，被自己的虚荣、盲目所误导，做了很多无用功。想想看，很多企业稍微有点规模、有点成绩的时候，就有些燥热，有些耐不住，有些不由自主地产生战略之类大思想的冲动。事情不大，架子不小，以为搞战略就代表远大，就代表有理想有追求。不少企业花几百万买了一大张自己也看不懂但还不得不频频点头的八卦图，战略规划往往成了企业"战略"里的误区。

一个企业面对股市、房市、汇率、石油价格这些大问题时只能适应，只能改变自己，或抓住机遇向前发展，或夹缝里生存，或死里逃生。面对这么多不可控的大格局，企业自己闭门造"战略规划"，想得过远，说得过大，没用，耽误工夫。照我的话说得再刻薄一点，应该就叫不务正业。

干专业对口的事

过去老人常说"三十年河东，三十年河西"的话，早已与现实节奏不符，现在我觉得用"三年河东，三年河西"来说可能会更为贴切一些。20世纪八九十年代中国改革开放初期，新事物层出不穷，我们称之为信息爆炸，为什么会爆炸？因为来得太猛太烈，传播渠道狭窄有限，发生局部阻塞而造成的。在互联网时代的今天，形容新生事物用"日新月异"都显得有些跟不上，真正可谓瞬息万变。比如，2008年，给

中国、给世界意料之外的东西就太多太多，连手上握着核武器开关的地球云端人物都显得措手不及、无可奈何。自然是变化的，世界是变化的，人是变化的，只有变化是不变化的，适应变化是企业管家们生存发展的根本之道。在我看来，与其做长远战略规划，不如专心研究战术以应付当前变化。

从企业管家个人命运看，屁股运载脑袋，自己的屁股能坐在当前板凳上的时间是不可控的，干好了要升迁，干不好要下台，干久了要轮岗。即使是民营企业家，受政治经济大环境的影响，不可知、不可控的因素也很多，自己的屁股不见得就能坐得那么稳当。比如说，经济讲周期，政治讲换届，政治决定经济，但"换届经济"不是哪一个人可以把握的。现任长官意志成为主导，取决于个人的文化素质及个人偏好。后任一般不愿意热剩饭，喜欢搞属于自己的政绩，按时髦的话讲是创新，牌桌上叫洗牌，麻将桌上说是推倒重来，这就造成我们特有的"计划不如变化"的现实。

军事训练所要面对的是生与死的问题，没有退路，所以其管理思想最直接、最简单、最有效。企业在大多数情况下，面临的问题和军队是一样的，在激烈的市场竞争的环境里，我们的企业在多数

○ **黎明企业观** ————————————————

编书热、卖书热，不热就加热——领导科学大全，一生中不能不读的书，不能不看的电影，不能不听的音乐等等，仔细看看没有一个字是自己写的。我想如果我用几天的时间在网上将奶酪和狼的资料搅拌一下，出一本《狼动了你的奶酪》或《奶酪喝醉了一群狼》，说不准也会卖出一个不错的价钱吧。

情况下，没有那么多的时间去做不该做的事情。我们的企业管家该做的是跟着国家的战略走，跟着国际市场趋势走，及时把握调整企业前进的方向，踏踏实实去制定实施 2 ~ 3 年短期的规划及当年的计划。

战略的实质是研究未来的大框架，自己若是一粒小棋子，就不要去做那些费心、费力、费时、费钱的事了。既然无法掌控自己的屁股，就让脑袋随屁股走吧。本来我们的企业管家充其量就是一个连长、排长，如果我们非要做司令、军长的事，专业不对口，没有理由能做好。连长的正业就是战术，当我们的连长眼睛盯住远处战略的时候，往往容易忽略脚下的战术动作。战略的目标越高，距离我们实际的距离可能就越远，就越搞不清自己的站立点，好高骛远就容易迷失当前，搞不好还可能摔个大跟头。

高度也有限度

我劝我们的企业管家们不要自作多情，其实，在官本位的传统文化里，企业在社会中的实际地位并不高。记得中央电视台为自己做的一个广告是这样说的："因为站得更高，所以看得更远。"这句话是对的，人家没有吹牛，全国只有一个中央电视台，人家本身就是站在最高处。但这个话倒过来说给企业也是合适的："因为站得不高，所以也看得不

远。"我们企业能站多高就去看多远，顾不了远的我就顾眼前这些近的利益。

眼前的利益不小气，是短期利益也是长期利益，是企业的局部利益也是社会的整体利益。我是连长，我就干好连长战术指挥方面的小事，不去考虑首长战略方面的大事。这样反而会把小事做实做好，一步一个脚印，一段一个里程，企业的前进之路、胜利之路、辉煌之路，一切始于足下。不要忘了，无论多么伟大的事业，都是由无数个实实在在的小事件组成的。在大社会里，我们本来就是小角色，小人物把小事做好，本身就是对社会的大贡献。

站得高看得远，就普遍意义来说，没错，但都站在珠穆朗玛峰上也没必要，看到的都是些云和雾。况且站高的成本也不低，不是谁的身体好、谁想上就能上去的。实实在在的企业是来不得半点虚的，虚了就容易发晕，晕了就站不稳，往往站得越高，可能就会摔得越重。

凡事都有度，高度也有度。适应自己身高的高度，适合自己视力的高度，适合自己需要的高度，才可能是有价值的真正的高度。

○ 黎明企业观 ────────────────

《谁动了你的奶酪》，一盘醇香浓郁的"奶酪"刚端出来，后边紧跟着一堆伪劣过期的奶制品：谁动了他的奶酪，谁敢动他的奶酪，他的奶酪谁动了，他的奶酪谁也没动，大量的类似"三聚氰胺"一样的东西迅速被掺进奶酪里；一部难得的思想力作《狼图腾》刚一露头，就被一群饿狼包围：狼性管理，如狼营销，培养狼员工，造就狼老总类似内容的书籍充斥书店的货柜，一时间还挺吓人，感觉市场变猎场了。

利益，不要大公无私

人是自私的——把孩子留在火堆里——自私不可怕——本能的原始动力——可怕的不自私——高调下的低级行为——见利不见得就忘义——由人组成的企业也是自私的——利是企业发展的灵魂——企业得利——社会受益

企业是由人组成的，探讨企业管理的很多问题必须要从人开始。说到人，就不能不说到人性。人之初，性本善还是性本恶？说法万万千。我主张人性本恶。当然，这个恶不是恶毒的恶，而是相对于主动为善的那个恶。也就是说，人的本性是自私的，自私是先天本能的，无私是有后天条件的。

人是自私的

我们小时候在城市里居住的大多是土木结构的平房。有一次，我家附近的一处居民老房子失火，我刚好就在跟前，救

火车还没到，房屋顶上的火苗就已窜出来了。现场只听一个女人撕心裂肺地喊着："我的孩子！"我凑上前去一看，是一个年轻的母亲正在拼命挣脱众人的拦阻，扑向着火的房子，很显然她的孩子还在里边。听大人们议论，原来这家的男主人是一个汽车司机，在家做饭使用汽油炉不当，突发大火，当时床上睡着不到一岁的孩子，突如其来的大火使孩子的父母本能地跑出去了，等跑到院子稍一反应，才想起孩子还在屋里。当时人们议论说，看，这两个大人多自私，不顾孩子的死活自己就先跑出来了。

记得在我十来岁的时候地震较多，经常在半夜三更被真真假假的地震信号惊起，仓皇出逃。有两次我看见邻居家大人自己惊慌失措地先从家里跑出来后，才突然想起来孩子还在屋里，又急急忙忙折回去抢抱自己的孩子。

从交通事故总结出来的经验看，司机旁边副驾驶座位是最危险的位置。因为当事故发生前的一瞬间，司机处于自我保护的本能，将相对安全的空间留给自己，同时必然就会将危险的空间甩给旁边，那时候根本顾不了那儿坐的是领导还是亲人。

我举这些例子，无非是想表达这一点，我们应该大大方方地承认人的本性是自私的，我们不要忌讳这一点。所有的人本性都是自

○ **黎明企业观**

往往是台上没干过企业的人在教台下正在干企业的人如何去干企业：原则一二三，秘诀四五六，案例七八九，严丝合缝，头头是道，有时真是误导不少企业，误了企业不少事。

私的，并不存在一部分大公无私的人，也不存在另一部分大私无公的人。当大火突起的时候，从里向外跑出来的是个本性的女人，当从外向里要跑回去救孩子的是个理性的母亲，都是真实的，都是无可批判或赞赏的，人的先天本能本无好坏优劣之分。

"5·12"汶川大地震以及很多灾难中的那些可歌可泣的故事，也都是真实的，那是在特定时刻所迸发出的人性的光辉，是值得我们从内心敬仰的，与我上面的例证并无矛盾之处。但我们不能由此用生死条件下的短暂无私来否定一般情况下人的常态自私的本性。

自私不可怕

自私是一种能量。社会的发展不是去消灭人性的自私，而是努力激发人的被当时社会所认可和允许的欲望，适度约束被当时社会认为容易出界的那一部分欲望和冲动。于是国家就产生了法律，集体产生了制度，个人产生了道德。

两性问题是最典型的例证。由于其具有最活跃、最不安分、最难管的特征，因而经过了不断认识、总结完善的漫长的发展过程。最早试图用婚姻的法律形式限定在一个范围内，后来看样子不能完全限定，于是又用道德的理念从思想上进一步约束，当不断发生的问题危机到社会整体平稳时，最后只得在

公共场合提供免费的安全套。这看上去是社会向个人低头了，实际上是说明社会发展进步了，更理性了，是社会向人性、向自然作出了合理的退让；表面看上去是管理机构软弱了，实际上是政府成熟了，处理问题的方法更多了，更人性化了。封建社会倡导的"存天理，灭人欲"，为什么最后天理没存，人欲没灭，主要是这个命题本身内部就产生了对立，因为顺应人欲就是最大的天理。今天我们的社会讲和谐重人欲，天理自然存。

在我们现实生活中有很多文明场所在服务管理的设置上，都是建立在人是完全自私自利这种无情的假设之上的。超市是把每个人都按小偷假设进行各种设防的，结果绝大部分人没有成为小偷；高速公路是把每个司机都当成违规者来设防的，结果绝大部分司机都自觉遵守行车规则，或者说他不能不遵守；机场安检是把每个乘客都当成恐怖分子来进行检查的，结果是保证了绝大多数人的安全。

可怕的不自私

自私不可怕，可怕的是对自私的伪装。我们传统文化羞于承认人性的自私，往往将少数英雄的高尚精神来代表多数普通人的思想

○ **黎明企业观**

我们在媒体上看到的多少事，都是钱与权的结合而产生的两败俱伤的结局。随便看看那些暴利暴权暴富的爆炸吧：一批批高官前赴后继纷纷从房顶上掉下来，跌进开发商的土堆里，跌进钱权交易的陷阱里，轻则伤、重则亡。

意识，希望人人都成为舍己为人的英雄，实际上这是不现实的。觉悟、道德能提升多数人的品质，却不能约束多数人的行为，如果用觉悟代替或简化管理程序，这个程序设置必然是不完全的，一定是有漏洞的。

比如，一些企业管理岗位的责任概念就是模糊的，其默认的条件是在岗人员多数都是奉公守纪、大公无私、勇于吃苦、乐于奉献的人，只有少数人可能有其反面倾向。在这样一个前提下，制度措施也仅仅是为了防范这部分假想的少数人。在不健康的因素条件下有可能发生的违纪违规行为，这种有限的约束并不是面对全体人员，是一种不完全的约束，或者说是有漏洞的约束设置。由此就约定俗成了一个概念，只要在这个岗位上的人，一般都是有觉悟、无私的人；反过来讲，这个岗位上的人不能没有觉悟、不能有私心。于是，这些岗位上的人常常便以无私的形象出现在公众面前，可是他们并没有超凡脱俗的必然条件，人性的自私冲动往往把他们搞得很滑稽、很多面，看上去有些虚、有些假，为人处世常常表里不一、言不由衷。由于没有对全体人员的公开监督，多数问题恰恰就出在那些多数人里面。

假如一个自选超市将防盗系统撤掉，四周挂满了"偷盗是不道德的行为""坚决打击小偷"的标语；假如机场安检口、高速公路的收费口都把设防的机器换成标语，那么，就会乱了套，结果可想而知。在正常的大部分情况下，人们的道德防线

是依赖外力强压设防的。当超市撤掉防盗系统的时候，同时也就撤掉了人们的道德防线，社会、企业、个人都将付出巨大的代价。

▖ 见利，不见得就忘义

用了这么多的篇幅来讨论人的自私问题，只想在这里证明，企业是由人组成的，是由一群本能自私的人组成的，这群人凑在一起琢磨的第一件事就是如何为自己取得最大的利益。企业的商业动机只有首先立足自私，才可能产生原始的驱动力，才可能进一步取得自利和自立，才可能缴税，才可能对社会作出贡献。如果几个人出钱组建公司，首先考虑的是让别人怎么得利，那么，这个企业肯定属于"宫外孕"。我认为企业就应该大大方方地承认自己是自私的，企业和人一样，因为自私所以自利，因为利己所以利人，因为利人所以利社会。这也是涉及企业价值取向的重要命题，是长期困扰企业的一层薄薄的"窗户纸"。

"企业"，多数人从正面看，是个名词；我从背面看，是个动词：企望、企求、企图、企盼成就一番事业。按我个人不正规的说法，"企业家"，就是想挣钱的那些家伙，就是企图干一番事业的

○ **黎明企业观**

> 现在银行有了一些商业化竞争，银行表面上放下架子与企业找平，银行对企业经常在嘴上亲切地称为银企一家人，形容为鱼水关系，宣称都是平等的互利双赢的关系，其实那是人家银行自谦的话，企业别太当真。雪中送炭还是锦上添花，双方心里都有数。

那些家伙。我们面临的问题在于，那些家伙总是不敢承认自己企业的商业动机是自私自利的，企业越大越不敢说实话，越要戴面具去表演。

"见利忘义"，这个词大家都比较熟悉了。在人们的潜意识里，这个句子好像是因果关系，因为"见利"，所以"忘义"。传统文化里"义"就是正义，仗义；"利"就是自私，损人利己。义，可以大张旗鼓地张扬；利，只能像鬼子一样悄悄地进村。企业管家们为了证明自己没有"见利忘义"，总是刻意表现出大公无私、"重义轻利"的一面，弄得很多企业管家常常像个演员在演戏，似是而非的。

经常在电视上看到纯国有大企业的老总们，捐助举牌时毫不含糊、一掷千金的豪情，真让人羡慕那巨大的公共权力带给的个人知名度。"以报效祖国为己任" 的"义举"在我看来都显得勉强，很多义举实际上是自导自演的广告而已。网上经常曝出的"白宫"办公楼一类的事情，以前不少，今后还会多，很多形象工程、面子工程，照我看实质是里子工程，有的不惜丢官也要上广场、上大项目，其中的"里子"装的都是"公"吗？

我们的企业生长在这样的一个社会大环境里，价值观被扭曲伪装，要利益要得不直接，要得不简单，要得不大方，要得不纯粹，要得拐弯抹角，往往让大公无私这面遮遮掩掩的旗子把企业弄得很麻烦、很繁琐、很低效。

企业的利，就是社会的益

2009年的冬天，北京的雪下得特别大，政府号召各单位自觉清扫门前的雪，听说有的区政府、街道居委会还实施强制性要求，不扫自家门前的雪还要罚款。于是我看到大街小巷上的雪很快得到清扫，对人走车行没有造成很大的障碍。过去说"自扫门前雪"常常含有贬义，批评的是人们的一些自私行为。如果按这样一个概念推理的话，那么，就应该说政府对自扫门前雪的号召，就是在公开提倡一种自私行为？显然，现在多数人不会这样去认识的，因为大家都把自己门前的雪扫干净了，整个街道就干净了；每条街道干净了，整个城市也就干净了。反过来，假如我们按以往的价值观去扫今天的雪的话，每个人都会舍己为人，放着自家门前的雪不扫，反而忙着去扫别人家门前的雪，这种偏差行为至少会造成三方面的困惑，一是你家门前的雪谁来扫？二是那么多别人家门前的雪你也扫不完呀。第三个问题是街道的秩序全乱了。

类似的困惑在企业管理中也常常挥之不去。在一般企业的章程里，好像没有规定明确的社会责任，可我们的企业在不知不觉中给自己的肩上扛上太多的社会责任。搞企业时间一长，就容易

○ 黎明企业观 ——————————————

去年全球金融危机，大家互相鼓劲说，危机带来危险同时也带来机会，这个话我在这里倒过来说：机会同时也会带来危险。

忘了自己是干什么的，忘了我们自己企业的全称中有"有限责任"这四个字。"有限责任"的意思就是当企业发生风险的时候，你以出资额为限负有限的经济责任。由此来看，企业的责任是明确的，也是有限的。干企业嘛，就要先认真干企业自己的事，自身超重，没有将法定的有限责任完成好，其实是对社会的失职。

常听人说"吃饱了撑得慌"，我看，撑得慌，不见得都是吃饱的。事没做大先别把话说得那么大，先看看自己的企业该缴的税缴齐了没有，付银行的利息是否准时，职工的工资福利按时发了没有。好好研究企业内部的事情，发展、壮大、挣钱、缴税、回报股东、善待职工，这才是企业正道。国家的事有那么多的人专门管，别操心人家，自己先把自己企业里的事做好。其实，每个企业只要履行了社会规定的责任，也就完成了自己的社会责任。企业干好自己的事情，就是对社会极大地负责任。

企业就应该"利"字当头，企业所有的原始动力源自一个"利"字，企业所有的归宿都会走向一个"利"字，"利"是企业的灵魂。所有的企业都应按利益原则去设置，都应为实现利益而行为，都应以获取利益为目的。

企业管家们就应该大大方方地回到追求利益的本质上去，将思想从"公"字的束缚里走出来，将"利"字解脱出来，以自我的"利"字为出发点和终结点去简化程序，去提升思想，

去解释每个人的行为方式，去实实在在、踏踏实实地设计企业每一个生产步骤、每一项管理流程。按照人是自私的假设去设置防线，要求人们在企业内部按共同规则行事。

人求欲，企业求利，搞清楚这两点，企业就搞清楚了自己应该干什么。企业的管理目标原来是如此简单：让企业里的人在规定的范围内最大限度地满足个人最大的欲，从而去争取实现企业最大的利，最后自然就实现了社会最大的益。

○ **黎明企业观**

企业内部经常会出现行政色彩的官僚主义，内部人员只知道谁管谁，并不清楚谁该服务谁。职位太多，权责不明，势必形成"抢权推责"的状态。

组织，不要权力

组织是一种载体——装进什么内容就是什么东西——权
力进去——形成大盖子——阻挡年轻人的上升——如同
大剪刀——切断组织网线——建立优秀的企业组织——
纵横交错——畅通无阻——魅力无穷——走近完美

上大学的时候，我对"组织"这个词的印象并不好，一提
到"组织"就联想到教训、冷冰冰、说大话等等那些感觉。我
想那是因为在20世纪特殊的政治时期里，"组织"这个概念，
随扭曲的时代而变形后留给我们的不良且不真实的印记。

这些年，我在企业管理的实践中逐步改变、明晰了对"组
织"概念的认识。

组织的功能

简单地说，今天我们在企业里讲的这个"组织"，本身并

不代表什么特定的含义，而是一种结构方式，是一种功能载体。我越来越感到，这种组织结构的力量无处不在。

其实我们每个人无时无处不被网织在各种的组织结构里。比如说，我们最熟悉的用手机打电话，往往被看做是两个手机点对点的行为，实际上首先是一种组织行为。因为个人的手机信号必须要进入一个组织体系（移动公司的机房），经过接收、识别、分配等多种工序，再发射到另一个点上。表面上看这是一种个体行为，实质上，其内部运转则属于组织系统行为。只是这种组织运转速度很快，我们没有感觉到罢了。座机电话也是如此，看上去好像是我的这根线直接连着你的那根线，实际上那都只是在一个组织体系内运转的表面上的那一小部分。

伟大的互联网，将一个圆形的世界变成一个地球村，大家不得不承认地球是平的，我们的工作生活越来越依赖这个网以及由这个网而产生的无数个更大的网。网络，就是将需要的和愿意的东西结构在一起的组织形式。由此看来，生活在现代社会里，没有人愿意离开这个组织，也没有人能够离开这个组织。

家庭是一个组织体，尊卑长幼各有其位；企业是个组织体，上下左右各司其职；一个市、一个省、一个国家各方有序，都是用组织的结构方式结合在一起的；世界各国还需要用多种组织方式组成

○ 黎明企业观 ─────────────────────

在企业里摸爬滚打成成败败的人很多，有的人把成功顶在头上，放不下；有的人将失败拴在脚脖子上，走不开。总之，都是包袱。

联合国、共同体。

很多公司后来发展壮大，成立了集团公司。集团，就是集中起来，团结起来，将组织的网格进一步扩展。"集团公司"正是基于这种组织结构安排的原理，将分散的小组织体系合并成为一个大的组织体系，将分散在各公司的各类人才、资金、资源网络在一个更大的平台上，集聚更多的力量，去干比以前更大的事业。

企业的组织，不要把它弄复杂了。简单看，它就是一个功能载体，你装进去什么东西，它就是什么东西。你装进适合你的东西，它就是适合你的组织，组织的效力就能得以充分发挥；反之，如果你装进不适合你的东西，其效能就是不足的，甚至是反向的。比如说，我们传统文化中最常见的权力问题，装进企业的组织里就会让你欢喜让我忧。

权力的问题

一提到"组织"这个词，就容易让人首先想到权力，在我们这一代人深刻的记忆里，组织就是权力，权力就代表组织。在我的记忆中，最早所有的事情都要由组织来决定，甚至包括结婚。组织没有权力就没有执行力，组织就是通过权力之线连接起来的。当初在部队，我们接受的教育中最多的是"军人以服从命令为天职""军令如山倒"的概念。在地方政府强调最

多的是政令畅通，目的是维护政权，组织与权力的紧密结合是为了政权的稳固。我在党政军的机关里都工作过，就现在来看，党政军的组织与权力的高度结合还是有道理的。但企业有自己的特性，不能简单照搬模仿机关管理的模式，因为企业与行政机关的管理目标完全是两码事。

行政是需要完全的权力控制，控制是手段，也是目的；企业则需要完全的疏通，控制是手段，不是目的。行政权力控制可以不计成本，也许更有效力；企业不计成本，注定是死路一条。行政架构一般按金字塔构建，"自古华山一条路"；企业一般按扁平铺设，"条条大路通罗马"。行政具有很强的排他性；企业则不能不兼容并蓄，你死了我活不了，相互依存才能多方共赢。不管怎么说，企业是以效益为目标的，企业"政权"设置的目的就是为了挣钱，企业不挣钱就维持不了自己的"政权"，面对客户、债主，没钱就得关门，这是谁也改变不了的现实。

我们国家改革开放30年，做的最主要的一项工作就是体制改革，就是将企业从以往行政的权力模式，改为现代的效益利润模

○ **黎明企业观** ────────────────

人，最好的朋友更是自己。人在最危机、最无助的时候，谁也帮不了你，只有一个人能帮你、救你，这个人就是你自己。你无视她，她就不理你；你把她当做一般朋友，她只是礼节性地看望你一下；你把她当知己，她就和你推心置腹；你把她当生死之交，她就会为你奋不顾身，带你冲出重围。按佛家的话说，求别人不如求自己——最好的医生永远是自己。

式。换句通俗的话说，就是将企业组织结构的主线条由一个"权"字改为一个"钱"字。然而，现实的情况是，我们的行政体系对企业的影响是深刻且深远的，至今看上去还有一个巨大的影子笼罩在企业的头上，实际的运行中还有一双看不见的有力量的手在舞动。

由于市场体制的不完全和不完善，行政权力仍然在很大程度上左右着企业的关键进程。企业依赖外部的行政权力，内部设置自然摆脱不开行政权力的影子，为了适应对口，往往就舍弃企业自身的实际需求，按照社会行政口径的模板组织架构。另外，很多企业都是从国营体制内走出来的，其基因尚存难以割舍，即使在现代企业的管理队伍中，起关键作用的高管仍有不少人来自国有企业或机关，正如俗话说的"江山易改，本性难移"——有的企业改得不彻底，有的企业走了回头路，有的企业则是挂鸡头卖羊肉，总之是对"权"爱得很深。多种因素，促使我们很多企业在组织结构中，贯穿着明显的权力因素。

权力在企业里是一个大盖子，堵住了多数人的上升通道，尤其是年轻人的通道。机构名称虽然将过去的科处局改为现在的部或室，但实际还是论资排辈的权力结构方式，被权力一级一级地压制着。也就是说，一个年轻人若想提拔进步，只能通过晋升行政职务，得到一个行政的官位，才有资格提高工资、改善待遇等。在这种情况下，年轻人、有技能的人就会向权力

一步步靠近，靠近权力直接有效的办法就是献媚权力，所以我们就会很简单就培养出一大批没有棱角的、不出大力的、聪明的小滑头。

权力在企业里是组织的杀手。权力的走向规律是从组织走向小团体，从小团体走向少数人，从少数人集中到个人手中。当个人的权力饱满膨胀时，就会在一个有序的组织结构里无序地横冲直撞，它像一把剪刀似的切割着组织的编织体系，将一个网状的组织体撕扯为一方方小块儿。表面上这种权力可以堵住不少漏洞，实际上它在不断制造不规则的漏洞，并利用漏洞获得战战兢兢的不黑不白的个人收入。

权力在企业里推脱了责任。权力的执行是为了保证效率的实现，起初权力与责任是对等的，但后来时间一长，为了保护权力，宁可推卸一分可能的责任，而毫不含糊地去牺牲九分现实的利益。如果大家都追求百分之百的安全无责任，只有守候，没有创业进步，最后必然形成推诿责任、抢权抢利、好大喜功、报喜不报忧的结果。

权力常常将个人置于组织的对立面。在中国传统文化里，我们总是习惯发挥个人的作用，且偏重于职务、权力等要素方面。个人

○ 黎明企业观

对倒下的企业动刀子已形成了一支队伍、一种职业、一个行业。一群专门吃死人饭的人，总是拿着手术刀，津津有味地解剖着尸体，给死人写一大本验尸报告，同时还给死人开上一大堆处方药，死人的家属还得掏高价把药买回去，而且还不给开发票。

的力量扩展势必会抵制组织的力量，同样，组织力量的积蓄首先是从削弱个人的权力开始的。因此，在企业里，总会有一些人对组织管理产生对立情结。我分析，少数情况下是因为真的不懂管理，多数情况下是因为确实不愿，不愿放弃个人的、局部的利益。

因此，我的观点很明确，企业的组织结构不能用权力来贯穿。那么，若将权力从企业的组织结构中抽出，又需要建立怎样的组织结构才是合理有效的呢？

组织的架构

组织的架构没有通用的模式，就如同各国的制度选择，各有所长，各有所短。新中国的缔造与今天的改革开放，都是我们国家自己创建的模式，并没有完全按照先人教导、权威理论安排，我们照样走出了一条自己的建国之路、强国之路。

每个企业的成长历史、行业现状、市场环境、人力资源、产品结构都有很大的差距，都应该建立适合自己的企业组织框架，没必要套用别人的模式。但有一点应该是共通的，建立组织和做任何事情一样，都需要有明确的目标，而企业唯一明确的目标就是实现经济效益。因此，首先，企业的组织架构要满足实现经济效益的功能需求，根据功能确定组织的结构。其次，构架要预留空间。构架是一次性的，至少要留有未

来3~5年的备用空间。现在的社会经济、市场变化实在是太快了，我们没有能力及时把握，但至少应该预留空间以备后用。第三，架构布局要通畅，反应速度要快，传导要直接，一级对应一级，战线不能长，战线越长，效力越减弱，比较有效的方法是下管一级手对手直接传递。最后，我们还需要注意组织构架是有成本的，并不是组织体越大越好，而是组织体系要适合需求才经济。一袋大米用自行车可以驮得动，用一辆大卡车也能运得走。企业在设置组织架构时，一定要算成本讲效益，否则就违背办企业的初衷了。

结构，有以行政管理为代表的金字塔结构方式，也有以现代企业为代表的扁平化管理结构方式，还有国营、民营、私营、混合等多种结构方式。对于各种组织形式，只要存在的就是合理的，并无优劣高低之分。平衡最优，纵向横向的线条清晰、经纬有序的组织结构编制在一起才是有力量的，同时也是有魅力的。

lllı. 组织的魅力

管理大师德鲁克说，组织能让你的才能增值。是的，组织就如同一块布，我们每个人就像布里的一小段线头，只有当我们被纺织

○ **黎明企业观**

> 一个黄光裕竟能牵涉进去两千多官员，从北京到广东遍及祖国大江南北，令人瞠目结舌。这些进去的、跌倒的，过去都是哥们儿，都是想帮对方的，结果帮助进的不是原来酒桌子上说的那些地方。何苦呢？算算总账，真是不合算，苦了自己，也害了曾经的朋友。

在这个组织里，我们才可能是有价值的、有力量的、不容易被扯断的。否则，我们这一小段线头被风轻轻一吹就不见了，无足轻重。美国NBA中过去的乔丹、现在的科比这些伟大的球星，也只有在球队这样一个组织结构里才能闪动天才的光芒。优秀的人才都是在一个严密的组织体系里成长的。

为何世界各国以倾国倾城之力争办奥运会，其实多数国家并不在意当时的收益，除了国际影响力、综合效应之外，更在乎的是留下了一个不断创新完美的组织体，因为这个组织体所产生的有形的、无形的、直接的、间接的创造力是巨大的。正在上海举办的21届世博会在这方面表现得更明显，一种组织体系可以在地球上的某一个地方将世界精华集中在一起，再装进举办国的文化智慧，将世界微缩在一个小平面上，使人们游世博便知世界，这正是源自于组织的结构力量。这个组织每到一个国家就充分地吸收当地的营养，以此不断地完善和壮大自己。可以说，这个组织在当时几近完美，所以才有如此魅力。

传统文化使我们更依赖于组织体系。从小我们就争取加入"红小兵""红卫兵"，因为我们知道那是一种组织，很多相同相近的人都在一起，很热闹，很安全。小时候我们可以学习不好，但一定要有组织纪律观念，可见这种组织的力量对于我们这一代人的影响有多大。现在很多人明知在行政组织里收入不高，但宁愿少拿钱也不愿脱离组织，这说明组织具有强大的无形力量。在企业管理中，我们更应该发挥这个优势，努力壮

大组织，使组织能成为员工们的靠山。

组织的魅力还在于将分散的力量集中起来，这不是简单的数量的加法，而是力量的加法，效益的乘法，成本的除法，程序的减法。组织的效能在于使所有的事情都由组织进行结构，在这个管理体系内，不是人管人，而是事管事、机构管机构、制度管制度、职责管职责、岗位管岗位、规则管规则、利益驱动利益这种自我完善、相互制约、相互促进的封闭循环的自动传递系统。传统文化强调人的权力，现代商业文化更注重组织的结构力量。

我们不但要懂得组织，更重要的是还要懂得服从组织。组织与组织之间是相通的、相辅的、相成的。个人要服从企业组织，企业组织要服从国家组织，国家要服从国际，国际要服从人类，人类要服从生存的法则，生存要服从自然的组织结构安排。不服从这种组织安排就会受到惩罚。

这个世界本来就是组织好、安排好的，各个国家、生物、海洋、山川的摆放都是有规定的位置，个体的人站在任何一方都是渺小的，人只有老老实实顺从这种组织、安排，才可能自然地生存下去。若我们不尊重这种组织、安排，欲望非分、破坏生态、污染山河、敌对自然，结果是必然的，受到的惩罚与其破坏程度成正比。

○ 黎明企业观 ─────────────────────

> 觉悟、道德能提升多数人的品质，却不能约束多数人的行为，如果用觉悟代替、简化管理程序，这个程序设置必然是不完全的，一定是有漏洞的。

前一段时间在哥本哈根讨论争吵的关于全球气候变化问题，其实说的就是这些事情以及这些事情的道理。

组织，对于我们每个人来说是离不开的社会化功能载体，就像我们远行离不开交通工具一样。如果我们的企业要远行，那么，我们就要建立更大更强的组织体系；如果我们个人要走长路，那么，我们就应该积极向组织靠拢。

速度，不要"大跃进"

时代的印记"大跃进"——跃跃欲试的亢奋——规模大小论英雄——规模大绿灯行——规模小红灯停——吃饭穿衣量家当——有多少钱就办多少事——小马不能拉大车——企业前进的速度——有把握能控制——安全的速度——跑得快跑得久

"大跃进"，是我们民族骨子里流淌的激流，"战天斗地"，"人有多大胆，地有多大产"，这些语言在当年是何等的豪迈，在今天让年轻人看来又是何等的搞笑。可我们从那个时代走出来的多数人却是笑不出来的，那个时代的冲动就像红烙铁印在皮肤上一样深刻，是一记终生不能消除的疤痕。

○ 黎明企业观 ————————————————————

当然了，不按时开的会，一般也不会按时结束，会议什么时间结束，全看主讲人的心情，心情好了会讲得滔滔不绝。的问题在于这些不知疲倦的人一坐在主席台上就来精神，嘴一对着话筒心情就好的不得了，可苦了台下坐的人了。

时代的印记"大跃进"

先不说大家熟悉的历史上的全民大炼钢铁、粮食亩产最高13万斤、"3年赶英超美"的那些事，就说我印象中的"大跃进"之后的一些延续的记忆吧。实现"四个现代化"是我们当时崇高的奋斗目标，现在看来也没错，问题是到现在我们并不知道四个现代化实现了几个，实现到什么程度。当初给我留下的印象是，口号很响亮，目标很宏大，但后来说不清是在什么时间就不说了，一个新的更大的宏伟目标迅速遮盖了原来的目标，重起炉灶另开张。还有，我印象最深的是在20世纪70年代提出的要在1980年实现农业现代化，这个口号在当时是严肃的政治话题，在今天也许能成为一个幽默小品的创作素材。

随着社会的进步，我们对"大跃进"的冲动也许已感到疲惫与无聊，但好大喜功的时代惯性却还在我们的周围穿梭。比如说，在电视上我们经常能看到这样的新闻，某某重点大项目提前多少天，甚至有提前几个月、提前一年完成任务的。电视上是从正面说的，我是从反面看的。如果一个大项目能提前几个月甚至一年完成，至少说明当初做的计划就存在严重的误差。这种误差要么是技术性的，也就是说做计划的人水平很低，计算失误；要么就是人为有意的，将一个本来就应该在两年内完成的项目，伪造成三年才可以完成的计划。实际上，以我的经验看，后一种情况居多。这样做可以达到两个保证：保

证按期交工，保证提前完成任务。其结果是领导满意，自己无风险且平添政绩光彩。

与当年"大跃进"虚报天量亩产的情况相比，现在"提前完成任务"其实质是相同的，只是形式上有差别罢了。我们周围常见的情况是，对没有指标控制的口号会越喊越大，对有明确指标衡量的计划会越说越小。把口号喊大是为了开始的夸大，把具体计划缩小是为了结果的夸大，总之，都是为了夸大，本意就不实在。

现在看来，我们的确还不能简单地将已经发生的"大跃进"时代的错误全部归为一位领袖人物的过失。一人挥手，全民齐步"大跃进"，那是一个民族的基因整体在冲动，现在想想，真是一曲时代的悲歌。今天，我们仔细聆听，这曲悲歌余音袅袅。

规模大小论英雄

"大跃进"的时代离我们远去了，但"大跃进"的激情如同酒精一样膨胀着不少企业管家们的大脑。事业成长一步，欲望扩充几倍，好大喜功、报喜不报忧、做老大、争第一等像钻不出的魔圈一样循环，曾有多少商界奇才被自我的火热燃烧。回首富人榜上的宠儿们，风中云中的人物，出不了十年能残存几多？当年全民大炼钢

○ **黎明企业观**

在中国各个城市主要路口红绿灯下、人行斑马线边，手拿小旗口吹哨子的交通协管员是最具中国特色的，其实，这个岗位是真正被逼出来的。

036

铁的炉火虽然已经熄灭很久，但那炉膛里的余温在今天我们还依然能够感觉到。

有意思的是，大企业和小企业对"大"与"小"有着不同的说法。不少真正做大的企业管家说自己的产品时都很具体、很小，真正没做大的企业管家说自己的产品都很抽象、很大。这类擅长夸大的企业管家大多不喜欢做单一的产品，你若问他们公司做的是什么产品，可能还会遭到他的白眼，觉得你没见识，那神态分明是在说：别问我是干什么的，工业、农业、环保、金融、投资，什么项目都干；别问我在想什么，伊拉克、石油价格、股市、利率、金融危机、神舟七号、计划生育、产业结构、市场，样样都得想呀。有时候让人真分不清说话的是总经理还是总理。所有这些说话的内容、语言神态的夸张，无非不就是为了证明一个"大"字嘛。

从一般社会价值的标准看，多数人的直观感受是，企业发展速度快就是进步的标志，规模大就是具有实力，大就是代表抗风险的能力强，就是无所不能。企业资产数字大，好听好看活动能力强；企业规模数字大，企业形象好，融资途径多；企业报表数字大，容易当老大，即使拖欠别人货款也能表现得理直气壮，签订不平等条款理所应当，推销产品狐假虎威，商业谈判漫天要价。企业数字大，水深好撑船，水浑好过关，许多问题先扔进去，沉得下淹得住，至少可以延迟危机爆发的时间。大企业有问题查起来如迷宫，你不是想查账嘛，没半年

时间别想搞清楚。企业规模大，可以拆东墙补西墙，墙墙不倒；拆东墙造西墙，一墙造出多面墙。企业大了，自有大人物参与，大人物最关心大事件，有隐患有差错，自会有人出面强调，要考虑社会影响，为了安定团结，慎重处理，时间换空间，大事化小，小事化了，最后不了了之。企业资产规模数字的大小，往往代表着社会通行证等级的高低。

相反，企业规模太小就没有社会地位，开会不给你主席台坐，银行贷不上款，同行不敢赊欠；可怜巴巴四处求人，有一口没一口地看别人脸色吃饭；经不起大风浪，随时面临被淘汰的危险。规模小，水浅，问题一下子就显现出来，小企业犯点事一查就明，二话不说收拾你。

源自于一系列的动力，几乎所有小企业在成长初期的第一心愿就是迅速做大。所以，企业管家们坐到一起总是先问，你们企业的资产规模有多大？就像多年前见面先问"吃了没有"的习惯一样，各种场合介绍企业时也总是把资产规模放在首位，企业管家最羡慕的莫过于世界500强了。

每个企业都有个"老大"梦，为了圆梦，规模上不去就降低行政概念，说自己是全省、全县、全镇的第一；行政标准若降到底了，就再换个概念，怎么也得弄个什么报纸、刊物评的第一，就像

○ 黎明企业观

前30年我们企业摸着石头过河，一个阶段成功了；后30年、50年、100年我们更需要成熟商业文化的积累，在商海里乘船过海、架桥过海。

多哈亚运会为照顾东道主的面子，搞了个全国人均金牌第一的概念一样可爱。

研究企业的发展轨迹就会发现，不少企业单一追求发展速度，都是把牌子迅速放大作为第一要务，冠以集团公司、跨国公司等名号，随后生出一大堆子子孙孙公司。这样，大公司的名气有，小公司的实惠在，一举两得。说起来怨谁呢，企业也不想拐这么大的一个弯，走这么多的冤枉路，这实际上是个猫和老鼠的游戏，很大程度使社会资源造成了浪费。

吃饭穿衣量家当

"大跃进"，是青春血热躁动期的产物。上个世纪"大跃进"时代的形成，也许是我们国家当时还处在青春期的原因吧，也许是我们几千年的农耕土地把人的商业天性压抑得太久、太重，当嫩芽冲破表皮时便不管不顾，奋力向上，恨不得一下子长成参天大树的欲望冲动在作怪。

任何企业的发展除了技术、产品、人才、资金、创新、市场等因素之外，很重要的是要靠发展速度、扩大规模取得效益，这是个常识，大家都很重视。但是，多大的肚子吃多少饭，吃饭穿衣量家当，这也是个常识。遗憾的是，这个常识并没有被常识化地运用到企业管理与决策之中，很多企业犯了很大的失误，后来冷静下来，一看犯的都是些常识性的错误。

　　过去企业创业提倡有条件要上，没有条件创造条件也要上，这可以成为一种特定的时代精神，但在今天却不宜成为一种主要的方法，至少不能成为一种常规性思维。今天的市场体系趋于发达完善，空间很大，企业能大则大，不能大则小。也就是说，要根据条件顺其自然，能发展多大就多大。大有大的短处，小有小的长处，这个项目上不去，那个事情可能就在那里等你。企业的发展能力不在于迅速增加项目、扩大规模，关键在于要找适合你的项目，不仅是你能掏得起腰包的项目，更得是你能驾驭住的项目。

　　企业有100万的能力就去干100万的事儿，有100万的能力非要去干1000万的活儿，当然资金不够。说到这儿，也许有人要反驳，很多大项目都是用少量的前期资金启动的，100万也能撬动2000万的项目。有多少钱办多少事，我在这里并不是否定资金的增值、放大、融通等功能，是说有多少钱的能力就去办多少事情。我强调的不是资金的数量，而是资金的能力。企业不能总是在超出自己能力的状态下做事，那样长不了。

　　钱是死的，人是活的。钱，不花完，就花不完。市场经济发展多元化，人的收入也呈现出不同层次，实际差距很大，老百姓生活起来捉襟见肘自不必说，大老板做事拆东墙补西墙也司空见惯。缺钱是绝对的，不缺钱是相对的。从静态来看，每个企业、每个人手

○ **黎明企业观**

　　在中国纯正的企业家和政治家都不多，但这两者却结合出不少真正的大商人，于是才会出现官模官样的企业家，管理企业的政治家。

上永远有钱，甚至连乞丐手上也有钱；从动态来看，企业要发展生产、扩大规模、做大做强，个人要追求幸福生活、买了房子买汽车、换了房子又换车，永远都缺钱。你每月只挣3000块钱，非要去买奔驰车，能不缺钱嘛？但若去买一辆电动自行车，资金还会有富裕。

成功的投资就是勇敢的放弃——功名的、感性的、高风险的诱惑——要把握什么钱可以挣，什么钱不能挣。世界上有很多可以做的事，我们想做的事业也很多，但我们能做好、做精的事情却很少，所以我们要做自己最擅长的事，要按自己的理念去做事。把事情想好了再做，安定下来再做，不要受市场表象信号的迷惑，为一时的诱惑而冲动。老天给你定的就那么多的钱，早挣晚不挣，早赔晚不赔，尽可多努力，不要太着急。从这个角度看，生意的赔和赚，事业的成与败，本质区别都不大。有句俗话"吃亏全当占便宜"，说的就是这个道理。

小马不能拉大车

小马拉大车，能走，但走不长；5吨的货车一定要装10吨，也能走，但出事故的概率同时提高了百分之五十以上。看看这30年倒下的那些轰轰烈烈的先辈们，哪个最后不是大脑充血，超载行驶，那压垮骆驼的最后一根稻草，其实早就吃进

骆驼的肚子里了。当年想把喜马拉雅山炸出一个口子的企业家，现在在狱中可能仍然没有放弃理想。我相信他的理想终有一天会实现的，但不是现在，当然，这个企业家和我们都是看不到的。

凡事都有度，很多事我们可以做，很多事我们不可以做，我们要做可以做的事情。做可以做的事情，意味着要量力而行，很多事情别人能做，而你不能做；意味着有很多事情那个时候能做，这个时候不能做。世间万物，宇宙空间随时翻转变化，可做的事情数不胜数，但我们每个人、每个企业、每个国家的能量都是有限的，不是你想做什么就做什么，你若认为想得到就能做得到，人有多大胆，地就有多大产，超出自身的承载量，其结果可想而知，不言自明。对于成熟的企业来说，匀速"前进"是常态、是企业发展的基调，当新的机遇来到时也不轻易放过，加速前进，"跃进"上一个新台阶；不成熟的企业"跃进"表现为常态；危险的企业的重要特征就是超负荷的"大跃进"。

企业都是在前进中得到发展的。不要"大跃进"，并不是说企业发展速度越慢越安全。如果是这样的话，那么，大家都不要发展，最安全的方式是停下来不走。很显然，这是更不安全的做法，

○ **黎明企业观** ————————————————————

信用，也就是我们常说的说话要算话。我们小时候玩，经常下赌注说"孙子说话不算话""谁要骗人谁是小狗"。孩子们都很认真，既然订立了这样一个"合同"，为了不当孙子与小狗，都会认认真真兑现自己的承诺，所以游戏玩起来有滋有味。后来长大了、成熟了，不如小时候那样讲义气、讲信用，不好玩，尽管也得一时之利。

这叫坐吃等死。那么，到底是多快为好呢？

如果将企业比做行驶在路上的汽车的话，那么，车的速度并不取决于驾驶者想跑多快，而是取决于能跑多快的条件。首先，道路交通状况是前提，是山间的土路、一级公路还是高速公路、赛车道，路上堵车不堵车，实际的路况决定可能的速度是完全不一样的。第二，在同等道路交通状况下，车的性能差异就成为速度快慢的必要条件。众所周知，汽车是由动力、安全制动、调节等系统组成，一脚踩在油门上，速度能上去，一脚踩在刹车上，速度能下来，同时方向调节功能跟得上速度变化节奏。除了外壳以外，汽车内在的这些系统的性能高低也就区分出了车的档次高低，因此，想跑多快得看看自己驾驶的是个什么样的车。第三，在前两项条件相同的情况下，驾驶员的技术熟练程度也是决定速度的重要条件，新老司机的驾驶技术差别就很明显。从以上三个方面可以得出一个道理，车跑多快，不是由自己单一的主观愿望决定，而是由各项客观条件所决定的。

同理，企业发展的速度没标准但有条件，条件好能快跑的时候就跑快些，条件差跑不快就慢一点。一般情况下需保持均匀、有把握、能控制的安全速度，企业才能跑得久、跑得远。

竞争，不要你死我活

商场不是战场——谁也离不开谁——扎堆——对手不是敌人——是伙伴——你死了我活不了——竞争不是打仗——暗中较劲——核心竞争力——扩展硬盘空间——扔旧东西——升级服务软件——态度不重要——持续发展竞争力——你比别人多的那几斤几两

有些书过多地将祖先的那些伟大的智慧简单地解释为商业的计谋，将商业技术变形为阴谋的权术，这是把前提搞反了，更多强调的是算计、是阴谋。小计策太多，大谋略太少，小家子气十足。什么三十六计与市场经营术、易经与商战、武大郎营销术等，多是讲如何使用权术去算计对方，如何置对方于死地。这种有我没他的极端做法，对市场的负面影响很大，搞得商业游击战、地道战、地雷

○ **黎明企业观**

企业文化，让文化人说得有些玄乎、有些虚空了。其实，企业文化就是企业的价值观。价值观就是观价值，就是怎么看待企业里大大小小的事情有没有价值，价值有多大多小。有了看法就有了态度和做法，事情做了就有了结果——价值有大小——这就是企业文化的生产流程。

战烽火连片，价格战此起彼伏，塞钱、回扣、关系营销大行其道。我想那些编书的人能简单地将战场与商场生搬硬套在一起，将伟大的军事著作自作聪明地降至雕虫小技，至少说明他们既不懂战场也不懂商场。

商场不是战场

战场，起初就是动刀动枪打仗的场合，主要的功能就是直接消灭对方。我们在军校接受的战术训练，要求掌握的东西很简单、很明确：不择手段，用最短的时间置对方于死地。这听起来很恐怖，但却是战场上的极端生存原则，没有选择的余地。若将战场的理念原封不动地移植到商场上，天天打仗，不是你死就是我活，早就把人吓跑了，谁和谁还做生意去？

商场，是个有魅力的地方，是大家凑到一起想在这里挣钱的地方，是可以商量的地方，是可以合作的地方，是大家期盼互利双赢的地方。

过去同行是冤家，开饭馆怕生意被抢都是单个分开的。现在时兴扎堆，遍及全国各地的小吃街、大食代以及北京的簋街、广州的粥城、上海的城隍庙，都是同行门对门、桌挨桌。最早人民银行审批金融机构网点的时候有一项规定，为防止同业竞争，金融机构营业网点之间的距离不能小于500米。现在，随着金融业市场化、国际化的成分越来越多，金融机构之

间越挨越近，从首都到很多城市，政府都集中建造了金融街。北京金融街上的金融机构办公楼肩并肩，若是轻功高手都可以直接从这家银行跳到那家银行里。中国最有名的一个村叫中关村，全是与电脑有关的产品。各专业批发市场更是遍及全国城乡，衣服有服饰批发市场，鞋子有鞋城，甚至小小的扣子也能形成专业的大世界，同类产品都聚到了一起。

扎堆，说明大家接受了相互依存的道理，说明大家理解了市场活、个体才能生的原理，说明大家懂得的是每个人站立的不仅仅是脚下这么一点大的地方，我们是生活在一块地、一种环境、一个市场中。周围很多人和事平时谁都不在意，看似与你无关，实际上谁都离不开谁，于是连小业主也明白一个大道理，大市场是靠小摊位凑起来的。商业活动的空间很大，有很大的选择余地，这一桩生意做不成可以做另一桩，现在做不成可以等到能做的时候去做。商业活动的结果一定是共赢的。

对手不是敌人

建立一个新世界，不一定就要砸烂一个旧世界。历史上的农民起义，不是递延式的发展，而是一种断代式的行为，所以都长不

○ **黎明企业观**

在我们很多企业实际运行中，董事会本来就是照猫画虎，似是而非，监事会更是照瓢画葫芦，四不像。

了。我们做企业可不能效仿，你死了我活不了，我活不了你也活不了。平时不给别人留余地，最终就是不给自己留余地。

如果说对手都是朋友，显然是虚伪的；但说对手都是敌人，那也是极端的。对手不是敌人，是行进中的同伴，是发展中的同事，是挫折中的同学。对手之间在不同时期表现的关系有所不同，生意场上讲没有永远的朋友，也没有永远的敌人，随时都在互相转化，但无论怎样变化，对手永远都是伙伴。没有对手就没有竞争，没有竞争就没有发展。没有对手的比赛是没有价值的比赛，没有价值的比赛是没有市场的比赛。竞争中，对手会不断地刺激你、促使你去刺探他、研究他，使你回来改进，再设法超过对手；同时，当你感到对手快追上你了，你会加速向前跑。从这个角度看，对手是多么够义气的朋友，帮了你的大忙。

我觉得仅仅只是容纳对手远远不够，同时还应学会欣赏对手。一般来说，学习对手好做，但去欣赏对手难得，只有对手双方水平对等才可能产生欣赏。一个能够欣赏对手的人，最终将会得到多数对手的欣赏。

核心的竞争力

如今，现代战场的基本性质没有变化，变化的是功能和结果。现代战场的功能主要不在于随时消灭对方，而在于时

刻制约住对方，目的就是为了少打仗或不打仗，结果是不死人或少死人。从广义的角度来说，现代战场无处不在，只有在狭路相逢的极端情况下会动真家伙，但在其他多数情况下，战场更多地表现为暗中较劲儿、内在制衡的形态。就像核武器一样，各国的数量可以无计其数，但至今真正动用的却屈指可数。战场上的很多理念、手段、方式正在逐渐向商场靠近。当然，无论是战场还是商场，无论是明是暗，竞争将是不变的主题。

竞争，离不开竞争力。较劲，全仗核心的竞争力。一谈起企业的核心竞争力，大多都说是人才、资金、项目、机遇、等等。依我看，这些都是，因为每一样都离不开；但又都不是，因为每一样都解决不了全部的问题。解决不了全部问题，就不具备竞争的核心条件。这些要素是很重要，但动态性都很强，持续的发展能力需要相对稳定、可控的条件，而我们往往试图用单一的方式去解决一个长期的、系统化的复杂问题，这是没有结果的。企业竞争的对象是变化的、不确定的，企业的竞争力也不可能是固定的、一成不变的。竞争力不是暂时的输赢，它是持续的发展能力，主要是看谁的生命周期长，谁的抗风险能力强，谁的再生能力强，而这种能量只有靠自己去积攒。

○ **黎明企业观**

看看我们眼前有许许多多成功并有成长性的企业，至少在内部都有相对公开的管理规则。当他们在越来越多的阳光下沐浴，成长速度也越来越快，越来越强壮，他们有规则、守规则，以至于他们开始影响规则、改善规则、最后达到制定规则的程度。潜规则不好玩，制定规则才过瘾！

从这个角度来讲，企业的核心竞争力存在于内部，而不是来自外部；核心竞争的对象不在外部，而是在内部。从我的经验体会看，硬盘空间的大小、服务软件的功能决定着企业核心竞争力的大小。

核心竞争力的一半——硬盘的空间

企业竞争最早比的是产品、技术，接着是比资金、市场，后来比内在社会关系、外在品牌形象，等到最后比什么呢？就要比空间的大小。企业要发展，就要不断地扩充自己的硬盘空间。

谁都想让自己的企业内存空间很大，就像买房子一样，一般人都想买面积大的、档次高的。结果呢，有买大房子的，也有买小房子的，还有很多买不起房子的。同样，构成企业内存空间的大小既是有成本的也是有限度的。成本的多少决定空间的大小，要想扩大空间，只有加大成本。无论企业的资金有多紧张，从理论上讲钱的问题总有解决的办法，但现代科技并没有解决空间的无限性问题，因而企业的钱也不可能无限多。由此可以证明，我们所有企业的空间都是有限的。在有限的一个空间里，如何使用和管理这个空间则成为核心问题。

使用和管理这个空间有两条途径，一是科学分类、有效利用，二是及时清理过期无用的和作用不大的东西。第一条

途径中，现代管理手段很多，说的人也很多，在此不讨论。我重点需要讨论的是第二条途径，这在企业实际管理中常常使管家们举棋不定、左右为难。

企业处在初级阶段时会埋头做事，随着企业不断地成长壮大，积累的东西越来越多，逐渐就像老房子里的杂物一样，没用的东西占据有用的空间，旧的东西不扔掉，新的东西进不来。常见的方法就是新旧往一块掺和，挤到一起，于是，原有合理的结构不合理了。挤到最后，甚至发生结构变形扭曲，阻止功能，起反向作用。有的企业越做越大，越大越不敢撒手，自身越沉重，就越走不了远路。

我们只有不断丢下价值不大的东西，才有新的能量去承载自身的分量。清理空间、弃旧迎新成为解决问题的关键。怎么解决？不复杂，看看我们手上这些现代高科技产品的设计就知道了。各类电子产品的功能一般都会显示，空间一共有多大，现在使用了多少，还剩下多少，同时将回收废弃功能植入系统管理的程序里，如计算机里的回收站就是让你随时扔东西的地方。空间不够用怎么办？只有两种选择，一是花钱买新的，二是删除一部分没用的或用处不大的内容。我们离不开的手机，不论高级、低级，功能多少，删除功

○ 黎明企业观 ────────────

> 我们是做企业的，我们的钱是有限的，我们的钱是有主的，是挣来的，是股东投来的，是银行借来的，是有成本的，是要还的，不是财政拨来的，不是白用的，我们的生存与发展环境客观上要求管理必须是简单、务实、有效的。

能都是必备的，假定手机只有存入功能而没有删除功能的话，频繁的死机及最后的机死就成为必然。这其实就是我们大家常讲的一个通俗而不简单的道理：舍，就得；不舍，就不得。

在日常生活中，择菜是典型的选择，首先要把不适合的部分剔除，剩下的就是好东西。同样，企业的选择不外乎也是这个原理。企业发展到了中高级阶段，仅仅知道该做什么是不够的，更要清清楚楚地知道企业不该做什么。主动放弃就是有效的选择，最早是市场选择企业，最后，一定是成熟的企业主动选择市场。

核心竞争力的另一半——服务的软件

服务，是企业最大的通用软件。如果将所有的企业不分行业和具体的产品放在一起合并，从最终的结果看，大家销售的其实都是同一种产品：服务。具体的产品只是整体服务体系中的一个环节，顾客买你的产品，同时更重要的是买你产品背后的服务。顾客在买商品的时候，明知同类产品大品牌的价格明码标价高出很多，一部分人仍然坚持要买贵的。其实顾客也很明白，多出的这一部分钱，不是为产品直接支付的，而是为产品的服务体系支付的产品保险金。我们同样将饮食、汽车、百货、宾馆、旅游、金融等不同行业放到一起看，无论是哪类企业，但凡能在行业内走远做大的，都具备了一整套严密的服务

流程、服务管理体系，这个体系包括技术、生产、销售、财务管理、售后服务等各个方面，全方位覆盖企业的内部管理和外部客户。

从这个角度看，企业产品的竞争实质上就是产品服务的竞争。谁的服务软件不断开发升级，走在市场前沿，谁就有可能抢占市场先机，因此，服务软件的开发升级就成为竞争的焦点。这项技术并不高深，也不构成障碍，其最大的难点不是技术本身问题，而在于高管们的意识方面。我看对服务认识浅薄化和片面化是其主要原因。

一提起服务，人们自然就想到态度。在多数人的意识中，笑脸相迎、鞠躬相送就是服务的全部。其实，态度只是服务体系中的一个环节，产品不好，态度再好，顾客也不会掏腰包的。服务意识往往成为强调的重点，认为只要有意识能看得到，就能做得到。没错，服务的意识是必要的，但不能保证服务的措施是必须的；服务的意识是想到了就做，想不到就不做，也就是想做多少就做多少，所以说，仅有服务的态度和意识是不够的。一个全面的服务体系是在一个全面的服务流程中强制运转的，就像乘飞机，你可以觉得安检很麻烦，你可以很不情愿，但你必须要做，因为不过安检的门就

○ **黎明企业观**

简单地说吃饭的时间吧，和开会一样，除了请客的人早早到来，赴宴的人几乎没有全部按时到达过。迟到也是有顺序的，一般是越重要的人物来的越晚，迟到的时间越长。迟来、早到已不是时间本身的问题了，而是在这个场合里身份、地位的标志，这也是潜规则。

进不了飞机的舱门。服务体系的流程管理与服务态度和意识的区别就在于，流程管理可以想不到，但不能不做到，流程设置强制你必须做，或者说逼你做，不做这一步就迈不出下一步。

一提起服务，通常人们认为服务就是给外部顾客提供的。实际上，我们常常忽略了一大块内容，那就是内部服务。长期以来，企业在内部管理方面，受传统文化影响比较大，岗位角色的行政色彩较浓，人分三等、岗分N级，官大一级压死人。从组织结构图上看是扁平化的，实际按权力结构仍然是金字塔式的管理传导模式，这种管理往往降低了企业运行的效率。时间长了，在企业内部就会出现行政色彩的官僚主义、扯皮推诿现象，内部人员只知道谁管谁，并不清楚谁该服务谁。

企业管理的上下级设置是必要的，但不应是单行的，企业在实际运行中还需要按功能去结构相互的工作关系。要建立内部互为客户的机制，把所有岗位上的人员都当做自己需要服务的客户。意识的改变是为了行为的改变，"我需要做什么"会成为主导，而"我能管住谁"就退位其次，这样所产生的实际效率是大不相同的。

在企业里，职务不是最重要的，需要才是最重要的。据说美军作战，最前沿的士兵可以直接与将军通话，要求对敌行动，此时，士兵就应该是将军服务的对象。第一线的销售员最清楚客户的需求，他提出的很多要求都是行政上级所要尊重遵守的。销售员的信息价值很高，但由于他的职位较低，在官位

体系主导的企业里，如果这些信息一级一级地汇报上去，再把一层一层的决策传达下来，也许早已变为市场的垃圾。从这个角度看，内部服务机制是外部客户服务的基础保证，只有内外部服务贯通联动，才可能形成一个完整有效的服务运行管理体系。

服务体系的建立是一个投资大、见效慢的系统工程，企业准备走的路越长，前期投入的就越大；准备走的路越短，在这方面投入的资金、热情就会越少。后者往往就会将资金投向短平快的产品开发、生产、销售方面。这也是检验企业综合实力的一个标准。

具备了核心的硬件、软件综合竞争实力，便稳坐钓鱼台，不用四处靠散打觅食，更不用动不动就跟人家你死我活地搏斗。竞争，不在于表面的厮杀，而最终取决于内部的核心实力——你比别人多的那几斤几两。

○ 黎明企业观 ────────────────────────

新中国成立以来，农村土地从个体走向集体，后来又从集体回到了个体，现在仍在实行的"包产到户"的方式的确是促进了农业及整个中国经济的发展，可从另一个角度看，也不难发现我们对于"合作"的不熟悉、不擅长、不持久。

运气，不要麻烦佛老人家

佛宽容——佛不纵容——天意原本自己造——成功无规律——各有高招——失败有定律——无限制的欲望——企业要靠运气——信仰要靠敬仰——最终靠得住的还是自己

这些年来，社会文化环境越来越宽松，人们可以轻松公开地追逐表达自己对不同文化的喜好。其中佛教文化由于其通俗和善，传播面越来越广，来到寺院的人也就越来越多。什么人都有，抱什么愿望的都有。佛宽容，谁来都行，怎么想没关系，微微一笑都包容进来了。

于是，有些人便得寸进尺地对佛的要求也越来越多，越来越具体，越来越物质化：养不养子、发不发财、升不升官，甚至出不出门、见不见哪些人等等这些具体问题都要求神拜佛去"请示"。寺庙里的人越来越多，香火越来越旺，大年初一头香的销售纪录不断攀升，成千上万甚至几十万元又高又大的成

捆买来的香被点燃。花钱买平安，花钱买运气，花钱买平衡，滚滚的浓烟在阻挡了人们视线的同时，也遮住了烧香人自己的双眼。佛宽容，看着这些不懂事的孩子还是微微一笑。

在这浓烟的后面，在这群不懂事的孩子里，曾经也站着我认识的、听说的、熟悉的许多起起伏伏的企业管家们。

佛宽容不纵容

我欣赏敬仰佛教文化。佛教文化是多元包容的文化，是启迪智慧的文化。上天给了我们每人一个平凡的生命，其中也与生俱来各种欲望。在特定的生命体里，给你的区间欲望是有限定的，限定内的欲望冲动就是生机，是力量，是我们常说的那个理想、动力；限定之外的欲望挣扎就是其反面。在渠里流的水可以灌溉良田万亩，冲出渠外的水也会淹没农舍千家。要知道，任何事物都是有范围限定的，都是有多面性的。

佛包容并不纵容。我们人类的弱点往往在于总是跃跃欲试冲破界定，佛老人家正是看到这么多不听话的孩子冲出去，常常被跌得

○ **黎明企业观**

传统文化里的家，就是高大的院墙围着一堆房子，自成体系，自我完善，组成一个独立的统治体系。城里叫小区，农村叫院子，越高档的区域把自己防备得越严实，这些大大小小的围墙院落又被一个更大的围墙所环绕。我们伟大的长城，无论前人后人把它说得如何伟大，它的作用在当时其实也就是国家的一个大围墙。

056

鼻青脸肿有些不忍心，才苦口婆心地教他们学会内敛，不要太张狂的。有些孩子慢慢长大了，听话了，也就懂事了，但总还是有一些长不大、学不会、毕不了业的孩子，免不了反复折腾。

我们随便看看那些倒下去的企业先烈们吧。只知道该干什么，不知道不该干什么，不控制自己的欲望不说，还尽情无知地扩张自己的欲望。创业当初稍有一点起色就以为自己做大、做强了，就控制不住自己的欲望，就以为自己什么都能干，就要在本地区、本系统内称大称王称霸。将"多元化"世俗化，以为涉及的行业越多就越有本事，稍有成就者就表现出无所不能的气势。其实，当你玩虚的时候，算计你的人和事就会乘虚而入，把你干的那点事放大十几倍、几十倍，反反复复说给你听，让你不喝酒也醉八成。于是，你就会醉心于那本不是你的那些八和九，丢掉自己手中的一和二，最终不是分量超重压垮自己，就是战线拉得过长，资金断流拖垮自己。

从宇宙宏观的视角来看，一个人、一个企业、一个国家的能量都是有限的，总量也是有限的。有上必有下，有阴必有阳，有能干的事，必有不能干的事。其实世间本不存在无所不能之人，很多人不明白，很多人不甘心，很多人经历的无非是"谦虚使人进步，骄傲使人落后"这样简单而又复杂的过程。创业初期，虚心好学谨慎，脚踏实地往上走。事业稍有成，虚荣厌学狂躁情绪开始抬头，脚踩棉花不知不觉往下走。"平时

不烧香"，等到事情发生，危机到来了，"临时报佛脚"，简单地将佛教文化作为避难所、"110"、救火车；平时哪怕一点点利益都不愿放弃，等到发生问题时，事情紧急了，不惜巨资向那些"佛商"求神问卦，急急忙忙搞很多的形式，将佛教商品化、庸俗化，看似很虔诚，与其说表面是在敬天，不如说内心是在怨天。

失败的定律

中国企业改革开放走过了30多年，那么多大大小小的企业管家，成成败败烟云间，为什么就翻不过同样一座山呢？为什么总在一块砖头上绊倒，总在一条小河沟里翻船？我经常在想，是不是我们这些生长在几千年农业文明沃土上的赤脚大汉，30年的商业学习练手的时间还是短？资本主义商业文明的学费也许还交得不够多？即使如此，我们也总不该交上那么大一笔学费吧！不少企业管家常常以一生作抵押，最后连本钱都赔了个精光，有些惨烈。

这些年我自己不管是做企业，还是做人都深深地体会到：成

○ **黎明企业观**

你管住了员工的钱袋，才可能管住他的脑袋；他对你有所需求，你与他套近乎，他才会搭理你。管理，管理者想"管"，被管理者要"理"，方能构成一个有效的管理链条，要让被管理者"理"你，就得让被管理者"求"你。人的需求有很多，眼前的、近期的、远期的，物质的、精神的都有。但无论如何，首先解决好眼前的利益才是最有效的，尤其是对多数普通员工来说。

功，各有各的招数，没有不变的法则；失败，万变不离其宗，定有不变的铁理。

成功的事业，今天不代表明天，这个人不代表那个人，那个人的此时不代表那个人的彼时，事件、时间、地点、人员、市场、产品中的任何一项、任何一个因素都会随时变化，都将带来全局可能的变化。成功的东西只有前人的经验可以借鉴参考，并不存在可遵循照搬的法则。

与成功的道理一样，造成失败的因素也各不相同，时刻在变化。失败的原因可以说多种多样，甚至是千奇百怪，归纳起来也不会少，但若抽出筋骨，找回本质规律性的东西，殊途同归，也只有四五种。若把这四五种再进一步压缩，最后会得出一个共同的、铁定的规律：真正打败自己的从来都不是竞争对手，从来都是自己打败自己，从来都是自己失控的欲望把自己打败的。

成功与失败是伴随企业生长的一对亲兄弟。就企业发展而言，成功，就是较少的失败，失败，就是较少的成功，这就是人们常讲的"不以成败论英雄"的内在原理吧。一个成熟的企业管家不完全在于如何把握成功，很大程度上还在于对失败所表现出的基本态度和应对方法。

其实，错并不可怕，可怕的是不知道自己已经错了，可悲的是并不知道自己错在哪里，可笑的是以为像鹦鹉学舌般幼稚地简单比划几下就可以赶走可悲与可怕。他们希望放下屠刀，

立地成佛，目的是渡过现实的危机。他们的许愿有时也许能得到一点应验，就会以为是自己的"诚心"被接受，其实，那只是老天再多给你一些学习反思的机会罢了。时间给你了，学不学，学到什么程度，悟到什么深度，全在自己，如果你从"避难所"出来以后，本性不移再拿屠刀，最后只能是作为自杀的工具。

那些不尊重大自然的基本规律、反复折腾的人，最终败落的结局是必然的。那时候，求天天不灵，怨地地不理，真正该怨的恰恰是自己。"要想神不知，除非己莫为"，"善有善报，恶有恶报。不是不报，时间未到。时间一到，马上就报"等等生活中的口头禅，说的都是这样一个简单而又深奥无比的道理。

小企业犯不了大错误，可大企业犯的并不都是大错误。所谓大错误就是很多小错误的相加之和，而小错误往往又都是些常识性的错误。当别人想捂住自己的双眼时，自己的其他感官就会努力启动判断是非，能把看不到的事情判断得很清楚；但当自己欺骗自己合住双眼的同时，也就关闭了所有的感官功能，从而找不到自己的正确位置。这正是人们常说的"最大的敌人是自己"的原理吧。

○ 黎明企业观 ──────────────

人有物质、精神等多方面的需求，理想属精神需求范围，人一定要有理想，但人在不同时期对理想的态度与排位是不一样的。大学生追求理想第一，那是因为有父母供钱，但在企业里，尤其是对于普通员工来说，工作，首先不是为了理想。工作就是为了生活，为了更好的生活，而能够更好生活最亲密的伙伴就是钱。

信仰要敬仰

企业管家办企业起起伏伏的故事很多，不少企业往往把成功、荣誉归结为自己的努力，把困难、危机、失败归为运气差的天意。什么叫天意？在我看来，天意就是宇宙万物大自然的规律在我们身边具体事物中的演示再现。你尊重她，她就展现在你面前；你不尊重她，自然就看不见她。天意原本自己造！

运气，的的确确是企业成功的必备要素。企业的成功，简单地说就是实力加运气。运气，说的正规一点就是机遇。运气从何而来？不是算出来的，更不是赌出来的，而是信出来的。如果你要真有运气的话，那么，就要有真信仰。

信仰，有两层含义：相信与敬仰。信，要情之所至，自然相向，水到渠成，深信不疑，有不懂、不接受的东西，则不要勉强去信；仰，要在信的基础上，怀着感恩的心情、谦虚学习的态度从内心崇敬仰视。

信仰，可以信，也可以不信，并不直接影响生意、生活。但其中阐释的自然和人类的规律，可以信，不可以不信，因为直接影响着我们企业的生意和个人的生活。

现实中很多人在很多的情况下，有不信的，有将信将疑的，有反反复复地信一时、怀疑一段的，有完全相信的，但真正能做到情不自禁地怀着纯净的心情敬仰的却不多，这就是成功者占少数的内在原因。

第一篇 凡事都有度

信，就要信其有。因为很多事物本身就是宇宙万物的客观存在，只是我们没有看到罢了。如同两个手机之间的通话，看上去是没有连线的，但实际上是有很多线连接在一起。这些连线我们有的能看到，但多数是看不到，看不到的那些线是靠机房、发射塔上看得见的那些线发送的。由此我们知道，手机也是有线的，过去的技术叫连接，现在的科技叫链接。细想一下，在我们每个人的生活周围该穿梭着多少线呀，只是我们有的能看到，有的看不到罢了。在当今伟大的互联网时代，我们看不到的线远比看得到的线要多得多，那些线并不因为我们肉眼看不到而不存在。

天上能看到地上的我们，地上的我们却看不到天上，道理很简单，那是因为天太大而我们人太小。就像人看脚下的蚂蚁，人看到的是蚂蚁的全部，而对蚂蚁来说，可能只是看到人脚和鞋的一小部分。如果蚂蚁以为这是看到了比喜马拉雅山还高的大山，那么蚂蚁就会对人的判断进入想当然的误区。这里，真正被耽误的是蚂蚁的视线，人本身没有得与失的变化，人的其他部分也并不因蚂蚁的无视而不存在。实际上，我们人类看天地宇宙时，多数情况下都是站在蚂蚁的位置上看的。

○ **黎明企业观**

> 人才，人加才，是人都有才，人人都有才。只要在自己的岗位上尽职完成规定的工作任务，给企业创造了效益，就是人才。在企业内部的层级、岗位、职务、薪酬、待遇等多项指标已经将一个人在企业的才能贴上了明显的标签：工人、班长、车间主任、厂长、总经理、董事长，区别显而易见，若再去划分人才、非人才的概念就显得画蛇添足了。

一切存在都是可能的，存在的太多，我们所知的甚少。许多误区在于我们常常不用心，更缺少用自己的心去透视感知。当我们看不到时，不要轻言否定。重要的不在于我们已经知道多少，而在于我们知道还有很多看不到、听不懂的东西是存在的，更重要的在于我们要知道自己只是一只小蚂蚁。

尽管宇宙天地、万事万物奥妙无限，只要我们内心崇敬，看上去距离我们很远，实际离我们也很近。用眼去看，就远在天边；用心去应，就近在眼前。

第二篇

度人先度己

○ 在中国的传统文化里,最难管的是上层;
在我们的企业内部,最难管的是企业管
家自己。

○ 管住了少数就管住了多数,管住上面就
管住了下面,管住了自己也就管住了
别人。

高管，不要越位

老大冲锋陷阵——率领弟兄们集体越位——大楼倒塌不是在瞬间——权力的引力是越位的主力——抢占地盘——占座位——副职虚职成堆——扯皮不断——各就各位才能齐步前进——站在自己的位置上——有水平——做管理企业的专家

越位，是足球比赛里的一种判罚规则，球员跑到球的前面并越过对方最后一个防守队员时为越位。对不太了解足球规则的人再说简单一点，越位就是越过规定的位置，到了不该到的地方，裁判要吹哨子罚你。于是，攻守双方运动员充分利用越位规则斗智斗勇，防守方总是想方设法制造对方越位，而进攻方则努力保持在进攻中到位不越位。很多攻守战术都是围绕着越位、反越位之间展开的。越位，成就了多少精彩的攻防战术及破门瞬间，给足球运动带来了太多的生机和乐趣，好玩！

同样是越位，在企业里却不好玩。

老大率领集体越位

在以权力为主体结构的传统文化里，企业的老大是明确的，但怎么当老大，老大怎么当却是模糊的，多数情况下与老大的个性有很大关系。形象一点说，从管理形式上看，我们很多企业里的老大更像一个诗人，总是喜欢按自己的想象去摆布企业里的事；可从管理实际上去看，老大似乎并不具备诗人超凡脱俗的境界，牢牢地将权力攥在自己的手心，又像个干部。这就是我们常见的具有共性的老大文化现象。

在企业里，董事长代表所有权的老大，总经理代表经营权的老大，这两摊按说是分开的，但现实中在一些企业里往往是搅在一起的。在传统文化里，尤其是在产权不清晰的企业里，一山是不能容二虎的。既然是一摊，就不能有两个老大，一般来说，董事长就是当然的唯一的老大。当两个老大变为一个老大的时候，董事长实际已经处在越位的状态下。总经理大事小事都得向董事长汇报，总经理干的事董事长都得知道。有的董事长不仅如此，有时间还要把副总经理的事也管管，不放心了要到财务、人事部门上转转，随便说说那些并不随便的话。于是，董事长便若无其事地就坐在总经理的

○ 黎明企业观 ───────────────────────

"大跃进"，是我们民族骨子里流淌的激流，"战天斗地""人有多大胆，地有多大产"，这些语言在当年是何等的豪迈，在今天让年轻人看来又是何等的搞笑。

板凳上了。

处在下风的总经理，一看董事长向自己的地盘伸手，整天在自己的菜园子"偷菜"，自己扭身也只能往下走走，去抢占下属的位置。与此同时，表面上他委曲求全往后退，实际上也在努力上下扩展自己的力量，形成不规则的张力。在一般情况下，企业按常规都是将总经理也放进董事会，无论其是否持有股份，毕竟总经理掌握着经营权，在董事会里实际的分量相对比较重。总经理也常常逮着机会倒逼，甚至架空董事长，造成很多不必要的内耗，争来抢去的结局有董事长炒总经理的，也有总经理炒董事长的。当然，最常见的结果还是董事长兼并了总经理，就有了我们熟悉的比较牛的名片名头：董事长兼总经理。

处在第三层次的副职受到来自董事长、总经理的压力，自然就本能地形成回弹力量，但力量毕竟有限，顶不上去的劲儿就只好往下传导，对部门、分支机构形成自上而下的群体压力。最后以此类推，多数人都没有站在自己的位置，整体位置便移动了。

写到这里，我联想起一件很热闹的新闻故事。2009年7月，上海"莲花河畔"的一栋在建楼房发生整体倒塌，引起不小的轰动。最后，国家派去的专家对外权威公布的事故原因是，由于当地地质土层松软，开发商违规将大量的土方堆积在楼的一边，加上另一边准备修地下车库被挖空，两边形成压

差，土方超重力将楼房从地下部分整体推动，发生整体位移，致使最后整体倒塌。楼房整体倒塌不算是新闻，最有新闻价值的是倒下以后，整个楼体基本上原模原样，就好像人平躺一样，大部分窗户的玻璃还完好无损，令人称奇。事故发生地正好与我家在一条马路上，事故前后的样子我都看到过，站在现场我就在想，只有那整体移动的力量，才能产生这么经典的画面吧？我又在想，静静躺在那里的玻璃一定是对着天空的，那些玻璃与楼的主人一定在对天兴叹吧！

世间万事万物表面上是不相干的，实际上内在都有着本质的必然联系。一栋楼的倒塌，表面是天灾也是人祸，但可以肯定地说，人祸远远大于天灾，一定是源自于一系列内在的、必然的、巨大的联合推动力。最近，我看新闻报道此事件的结局是，倒下的楼拆了，后面的责任人倒了。

▍权力的引力是越位的主力

我们国家在改革开放以前实行的是计划经济，所有的企业都是国有的或集体所有，称之为"国营单位"或"集体单位"，企业实

○ 黎明企业观 ————————————————————

家族企业里对外来人缺乏信任的根子在于自己没有自信，没有与更高、更专业的人相处的自信，没有驾驭制度的自信。你只有信自己才可能信他人。

际上是纳入在政府行政的管辖范围内。换句话说，那时的企业都是在体制内的。经过30年的现代市场经济发展，逐步形成了国有企业、国有控股企业、股份制企业、合资企业、外资企业、民营企业、个体商户等多种经营形式相互并存、相互补充的大格局。这个过程一般称为"企业转制"，也就是说，企业走出了体制，走进了市场。从实际情况看，我们的企业从外在管理形式上看好像是完全走出来了，但从内在管理内容上并没有完全走出来。

在不少企业里，高级管理人员的实际身份有很大的隐蔽性、不确定性。有的总经理实际就是大股东的代表；有的董事长法人干脆和股份没有关系，是到董事会来"出差"挂职的，什么事都是那些不是董事的人说了算；有的副职比正职的关系硬。身份模糊，职责就不清楚，发生碰车以后，最终解决问题的途径还得按内在权力大小行使实际的职权，并没有按职位规定的权限行使职权。实际的秩序一乱，大家就找不到自己的位置，就会乱坐位，能坐到什么位置就占住什么位置。开始是抢位置，位置满足不了需求，就要造位置，最后的结果是副职、虚职造就一大堆。职位设的越来越多，事情越来越复杂，皮就越扯越长。

权力，这股独特的力量在传统文化环境中就像一个"泡腾片"，融进团队这一池子水里就立即沸腾，大家互相抢夺，为了扩张自己地盘，就得去挤压抢占别人的地盘。于是就逐步形

成三种力量：上压下，产生压力；中间向四周膨胀，产生张力；下端往上顶，产生弹力。各方力量的方向不同，必然形成碰撞；当多种力量较劲、僵持不下时，上面的分量一般都比下面的分量重，于是就形成共同下行的压力趋势，从上到下一级压一级，整体越位最终成为必然。

越位是一种无形的特权，能越位的人是有资格越位的那些人，越位越多的人是在企业内部越有位置的人。因此，他自己不愿说，畏惧他的多数人不敢说，而奉承他的少数人却将这种"越位"现象美化为"任劳任怨""加班加点"，甚至"鞠躬尽瘁"。你想，你大部分处在越位状态，干着别人的活，如果你不"没日没夜"地干，那事情肯定是干不完的。

现代企业管理体制本身应该是明晰简捷的，所有者与管理者的角色分工、职责、权力泾渭分明，井水不犯河水，我们大部分企业也是按照这个样子从形式上套用的。但简明的企业管理形式一搬到我们的企业里往往就弄复杂了，内容模糊看不清了，本来是一种经营结构，逐步就演化扭曲成为权力结构；本来属于高级管理团队的责任，最后变形成为权力的再分配。

○ 黎明企业观

　　管理者往往说钱不能代表理想，员工常常心里想离开钱的理想就是空想。普通员工更注重眼前的、近期的事情和当下的利益：这个月工资能发多少？今年多少工资，明年是多少？够不够花销，其他收入还能有多少？需要缴的、扣的有多少？最后剩下的是多少？能不能买得起汽车、房子？

各就各位，才能齐步走

我在军队、机关、企业都有过工作经历与切身体会。军队政府管理需要用某种特定的结构产生制约平衡，比如团长政委模式、书记县长模式，这些在特定环境下形成的制衡结构模式，自有其独有的内因及功效，在此不作评说。不过，以我的亲身体验，这些模式最好不要简单模仿照搬到企业，结果弊大于利。因为企业与军队、政府机关是完全不同的结构模式。我们国家改革开放30年，其中很重要的一项工作就是政企分开，现在好不容易分开了一部分，我们做企业的又要把这些掺合在一起，搞成官模官样的企业，岂不是走回头路嘛。要知道，想搭起官架子是很费钱的，企业也是耗不起的。

有一些企业家对"董事长兼总经理"这个头衔很自豪，常常会叫得很响亮。在我眼里，董事长兼总经理是企业的下签；如果董事长拿着总经理的指挥棒，形成事实上的"董事长兼总经理"，那更是下下签了。

问题出在上头，头上的问题不能从脚上去解决，应该从涉及董事长权力、责任方面开始入手，一方面应该加强属于董事长职责范围内的权力，另一方面则应该放下不属于董事长职责内的权力。

首先，请越位的董事长退回去。老大归位了，其他人就容易各就各位。按照规则，董事长不是不可以管人管事，照我

看，可以管人，管好总经理一个人就行了，副总经理都没必要由董事长去管，那是人家总经理的事；董事长可以管事，按我理解是管发展方向、经营目标、制度安排、利润分配这类大事，不应掺和经营管理的那些不大不小的琐事。

其次，请总经理也回到自己的位置。有时我在想，董事长位高权重为什么还要越位去抢占别人的地盘呢？除了权力的欲望、不敢放心、不甘放手等原因以外，董事长的权威性、独立性经常受到总经理的冲击、干扰也是因素之一吧！因此，从我的实践体会，既然大家都认可所有权与经营权的分离方式，何不从根子上彻底分开呢？方法就是：索性让与经营有关的高级管理人员都不要进董事会，即使其本人是股东，但在担任经理层职务期间也应该临时退出董事会。这样就拆掉了总经理在董事会里可能干扰董事长决策的平台，从根本上解决了所有权与经营权的冲突问题。谁也别占谁的地盘，各管各的事。

另外，正职与副职间的问题好像是与生俱来的，副职与副职之间的矛盾摩擦也是难以避免的。主要的原因是职位太多，权责不明，势必形成抢权推责的状态。我们有些企业容易机关化，尤其是

○ **黎明企业观**

无论是在什么地方，做小事的人总是多，做大事的人总是少。领导的岗位就是规定做大事的地方，身先士卒、鞠躬尽瘁精神可嘉，但从企业管理资源的角度来说，则是一种浪费。当一个人同时具有飞机和汽车驾驶资格时，开飞机当然是优先的选择，如果我们的领导具有驾驶飞机的资格，就不要去抢着开汽车了。

将官位设置的大而全，副职太多，管理层次多余，没必要。

　　还有，从我的经验体会，让专业负责人代替副职，可能会有效缩短管理线路。如生产企业里的"总工程师""总调度师""总计划师"，经济行业里的"总经济师""总会计师"等，不要按现行的行政管理顺序，被排在副职以下，而是让他们取代副职的地位，直接受命于正职。这样，从管理的层次看，总负责人不是一个独立的层级，只是正职的一个决策专业辅助系统，上对正职直接负责，下对第一线专业部门直接传导。美国总统的结构设置原理值得我们企业研究借鉴，一正一副，正的就是主导，副的就是辅助，没什么含糊的地方。只一个管理层次，副的给正的拾遗补缺，职责非常清晰。

　　也有不少大企业考虑对外公共关系的需要设置了很多副总，但其职能就是对外单独执行授权内的特定任务，对内不行使副总的管理权限。也就是说，不是全职副总，这种设置与上面所说的总负责人设置原理是一样的。在内部管理系统里，对外的副总经理只能算做是一个专业的或专项的负责人，并没有多出一个管理层次，这样的副职或多或少都可行。

　　我认为，诸如此类的管理方式并没有一个严格的标准，不必拘泥，只要是客观需要的、能产生实效的就是合理的。管理的形式可以是多样的，但管理的理念、准则应该有很多相通之处，这一点值得我们深入探讨。

站在自己的位置上，是企业家的基本水平

多数情况下，企业高级管理人员的越位并不都是故意的，有的就根本不知道自己是站在越位的位置。因为在他的专业知识里，压根儿就没有越位限制的概念。

我们的企业高级管理人员多是土生土长，在实践中成长，业余自学成才。一方面，在自我意识里，高管们感觉，到了这个位置就应该具备了这方面的专业知识，自身不满自觉满，因此，在接受新事物及专业学习培训方面存在着先天的抗体，容易不动窝吃老本。另一方面，从社会整个教育培训体系来看，对企业老总们的培训，至今没有一个体系、一种专业设计。当前"满天飞"的培训多是出于商业运作目的，只是杂七杂八地把涉及到企业财务、生产、营销、人力资源等方面做成了一锅大烩菜，缺乏专业的、有别于一般管理者的高度与深度设计。因此，我们的企业高级管理人员缺乏系统的、专业的、专门的、有效的训练。

我眼里真正的企业家至少应该是这样的：他是管理企业的专家，对内人财物玩得转，对外政治经济市场看得清，思想独立、人格鲜明，优点很多、缺点不少，激情并专注于企业的市场创新与长

○ **黎明企业观**

管理不是什么都管，管理的艺术就是不去管所有的人、所有的事，就是主动放弃我们管不好的、管不了的、管不着的那些事。也就是说，有人管的事不要管，有人能管好的事不要管，有人管得了的事不要管。领导就是引领指导抓大事，该管的管，不该管的不要管得那么多。

期发展。企业家不是注册出来的，其本身具有很强的专业性，就像文学、音乐、绘画、体育等方面的成就者一样，真正造就一个企业家需要自身的努力，也需要天分；需要全面的培训，也需要持续不断的创造和间歇的理性与节制。

实际上，这个世界上的任何资源、任何权力都是有限的，高级管理人员的管理范围也是有限度的。高管不是全管，更不是想管什么就管什么，擅长什么管什么，什么有利就管什么。

企业管家一般都在企业的高管位置，高管也经常被尊为企业家。无论怎么称呼，无论官居何位，最终位置代表不了水平，但水平可以超越位置。照我说，站准站好自己的位置才是企业高级管理者的基本水平。

董事，不要敷衍了事

董事的事各不相同——出差的董事——端茶拎包的董事——国有企业编剧——上市公司演戏——民营企业模仿——一股独大——孤岛上的独立董事——让董事归位——董事不为股做主不如回家吃豆腐

过去我在行政机关工作时，流传着这么个小段子："办公室不办公，会计处不会，人事处不干人事，行政处不行"，都是利用相同的谐音进行一些讽刺。后来到了企业又增加"董事不懂事"的说法。董事不懂事，说的是在改革开放初期，企业还没太闹明白股东大会、董事会、监事会这些新名词，很多企业模模糊糊、匆匆忙忙地成立了董事会，一些政治"骨干"就进了董事会，于是出现了当时"不懂事的董事"的情况。

○ 黎明企业观

人要长期生活得自在，就要忍耐短期的不自在；人们要生活得共同自在，就要承受个人的不自在。

时隔30多年，与巨变的中国一起成长，董事与懂事之间的位置关系也发生了很大变化。老问题都解决了，董事们都懂事了，可是新问题又来了，董事们太懂事了，反而不"董"事了。也就是说，现在的董事们太懂事（世故）了，反而不作为、不履行董事的职责，比较典型的是表现在国有控股企业里。

▮▮ 出公差的董事

历史造成相当一部分企业都脱离不了国营、国有的影子，稍大一些企业多是从计划经济背景走出来的，与国有资产有着千丝万缕的联系。这些企业在不同的时期里，在不同的条件下，通过不同形式都分别穿上了股份制的外衣，因为时间条件形式都不一致，穿的股份制这件外衣也是花样翻新、五颜六色，就像我们小时候弟弟穿姐姐的衣服一样，没那么多讲究。

企业在走向市场化股份制改革的进程中，国家为有效保护掌握国家资产，诞生了国资委这么一个机构，同时也就产生了一个新的课题：谁是企业的主人？用通俗的话说，谁是企业的老大？从《公司法》来看，这个问题很清楚、很简单，股东是主人。但在实际的执行中却特别复杂，国资委、大股东单位、控股单位、行政主管单位、行业监管单位，谁的手上都有两下

子，谁一到这个企业好像都是当然的主人。

当股权进入到行政管理的渠道里，股份的行政化就别具特色。在股份制改造、成立董事会时，股东单位往往派出任董事的只是一个工作代表，多数情况下就是一个行政兼职人员，挂名的。股东单位对派出的行政兼职人员的要求很简单，只要能顺利贯彻行政领导的意图就可以了。对董事个人来说，这是一份政治、福利双重待遇。政治上多了一份工作责任及上级的器重，在同等条件下多了晋升的机会，经济上都有一份合理的、相对于工资条不算少的收入。

这样的董事只需要在董事会开会前及时请示领导意见，认真贯彻领导意图就行了。知道自己是干什么事情的，知道事情的来龙去脉，知道哪些事情该明白，哪些事情该模糊，知道哪些话该说，哪些话不该说，知道什么时间到什么领导那里去汇报就行了。因为懂事，所以没有机会去"董"事，如果你在董事会上发表个人意见，想行使董事权力，那在上级眼里你就是不懂事了，迟早会丢掉董事这个位置的。所以，懂事的董事才不去真正"董"事呢。

○ 黎明企业观 ────────────

在企业里，能管住上边也就能管住下边，管住了自己也就管住了别人。企业里管理的短板往往是"上边人"制造的，上边的人理所应当地认为自己只是给别人制定规则的人，自己则视情绪的状况可以遵守，也可以不遵守那些规则。原来是上面缺木板，可你在下面堵漏洞，岂能不累？

当马仔的董事

国有性质的企业对上市公司的影响也是深刻的。从资格上讲，最早能上市的公司大部分要有国有的成分。在我看来，上市公司现在出现的问题实际上在最初就出现了，只是我们一直没有从根子上解决罢了。

在人们的印象中，董事的职责模糊问题是因为没有引进现代管理制度，没有像上市公司一样受到公众的监督，其实上市公司的董事会看上去规范、现代，但背后纠缠着更多的利益关系。起初，一个企业上市要经过多少关口，要添加进去多少外部利益，其中的股份遮遮掩掩更加复杂，一般人难以摸清底细。这类公司董事构成的特点是复杂多变，有投资性的，有坐庄性的，还有代表性的，不少董事充其量还只是个"马仔"。

大家都说市场本有一双看不见的手，我说我们的上市公司有好几只看得见的手。上市前受众多权力部门控制，股本多大，谁占多少、谁控股、谁当家、谁做主，董事会、监事会、经营班子人员组成的确定，表面上似乎是由股权决定，实际上大多数是由股权以外的实际权力控制者所决定。最初股与权的不对等，必然埋下上市后的经营决策失控的隐患。于是，一个个名义上的股东大会、董事会、监事会、经营班子闪亮登场；于是，如何应付外部监管，回避内部监督，加大少部分人的权力，以取得个人利益最大化等技术性措施应声而来；于是，股

市上的"ST"们便应运而生。

一股独大

当股权进入到行政结构体系里，权力的力量自然被放大扩散。大股东多是行政管理机构，而行政机构是由行政长官说了算。行政董事代表根本看不上股权本身的有限的那么点利益，分红能有多少？股权的经济收益不被人们看中，那是因为明面上的东西弄不好容易出问题，与股权的掌控者没有直接关系。与之最有关系、最有魅力的是其代表的及被放大的那个权力。

股权，重要的是股之后所带来的行政权、支配权、说了算的权，是中国文化里特指的那个权。要权力，进而要所有的权力，国有股好像就是所有股，董事长是所有权的代表，也是所有权力的代表，最终形成股东一股独大且一股独霸，股份制就此失去了本来的意义。

股与权的不对等造成部分权力扩张，超出的那一部分必然要侵占别人的利益。当权力扩张成为大股东一种本能的时候，由于势不均、力不敌，放弃权力也就成为小股东的一种习惯。传统文化让我

○ 黎明企业观

> 权和钱，两样都是好东西，到了一定的时候，只有两样合在一起才算完美。光有钱没意思，光有权也无聊，就像男女长大了，合在一起才有意思。金钱和权力，组成了政治经济学不变的主题，权和钱的约会是天然的，权和钱的结合是本能的。

们众多的小股东"下意识"地放弃了手中的权力与利益，在一股独大的结构里，其他股东代表及董事只能是摆设，过多的分析已经没有意义。

董事会、监事会、经营班子的任用，先要经股权代表单位的上级行政单位拟定批准，然后组织股东大会选举董事会、监事会，最后再由董事会提名经营班子成员。这些程序有模有样，组织指定，"股民"选举，主席台、股东席、检票席、公正席、监票人、唱票人一应俱全，投票前检查票箱、锁箱，投票后当众开箱。整个程序不厌其烦，有模有样全乎得很，别看这么多程序，不出两个小时保准圆满完成预定的任务。我看，这一类的股份制应该重新定义，至少前边应加一大串的限制词。

我们生活周围常常出现这样的现象，最假的东西表面形式往往力求是最真的。我总在想，这些大家心里都明白的事情为什么不挑明了呢？干脆谁的权力大就直接下文件得了，绕圈子很累人，上级下级都很累。细想想，我们每个人说过的话有多少是言自由衷，做的事有多少是表里如一呢？

随着经济的发展和社会的进步，国有及国有控股、参股企业的自身改革也在不断深入，正在逐步向市场靠近，如取消行政级别、效益考核、责任追究、高管限酬等举措都是积极有效的，使得这类企业正在逐渐走出旧体制。上市公司也在不断按照国际化标准改进自己，国家对行业监管的力度正在逐步加

大。从这些角度看，国有企业、上市公司其自身的问题正在缩小，但对于蓬勃发展的民营企业的影响却是深刻和深远的，造成的后遗症一时不容易根治。

一般来说，与国有有关的企业都是历史比较长、规模比较大的企业，在当地具有重要地位，其公司法人治理结构对民营中小企业起着导向作用。以上所谈到的现象，由于其自身的局限没有起到正面的示范作用，没有显示出股份的魅力效能，而是让中小企业更多看到的是换汤不换药，只是多了一道程序，效率并没有得到提高。中小企业对此敬而远之，基本上没有把什么现代企业法人治理结构当回事儿。

因此，在一般民营性企业里，董事会是为了表现企业的现代管理形式凑出来的，搞股份制的主要原因是公司注册时需要多人入股，家里的亲戚、身边的亲信随便弄几个身份证来注册。董事没有明确的权力，也没有相应的报酬，甚至不知道自己是董事的董事也大有人在。什么股东、董事，什么股权不股权，老大说了算。这类董事，不知不问不计较，好当，好管。因此，民营企业在多数情况下并没有真正意义的董事，所以民营企业多数也难以长得大、走得远。

○ 黎明企业观 ─────────────────────

> 一个优秀的企业，在法人治理结构建设中，监事会应该有一套独立的用人、财务系统，不靠被监管者吃饭，自然就不看被监管者的脸色行事。董事会肩负多少责任，监事会就应肩负多少责任；董事会有多大的决策权，监事会就应有多大的否决权。让司机敬畏警察才是常理，警察叔叔若站在马路中间给过往的汽车擦玻璃，不堵车那才是怪事呢。

孤岛上的独立董事

董事的问题，股与权的问题，当问题沿着内在的利益关系发展到纵深的时候，我们学术界的专家们又把问题拉回到最初的表面，开了一剂洋药：独立董事。制定了独立董事的资格、要求，着实时髦热闹了一气，说白了就是"掺沙子"。

后来的实践迅速证明，在传统文化的大背景之下，独立董事很难独立。与一般董事相比，独立董事的核心要求是独立的专家。与其他董事本质的区别是，独立董事不与企业发生利益关系，不拿企业的薪酬。在模糊错综的社会关系里，在明确的利益面前，专家首先是人，专家在股的面前是博士，但在隐形的权力面前只是一个小学生，当股与权分离的时候，他们注定交不了及格的答卷。有的财务专家恰恰就是让企业的财务陷阱套住了，不是他们的专业知识不足，也不是他们缺乏分析财务报表的能力，而是他们严重缺乏辨别财务报表真假的能力。很多专家就这样被卷进了风波，最后，有良心的专家双手告饶，落荒而逃。2002年，当时的国务院总理朱镕基为国家会计学院题字"不做假账"，不知是否与这些现象有关？

独立董事要源自董事的独立，董事的独立要源自董事会的独立，董事会的独立要源自企业的独立，企业的独立要源自市场的独立，市场的独立要源自法制的独立。前些时候，国际金融危机中的高管高薪问题已成为美国总统直接干预的事情，

国内也热热闹闹聚焦各大银行的头头脑脑们的腰包。其实这不是钱的问题，而是个制度问题。谁来管高管？谁能管得住高管？董事们干什么去了？董事不懂事？懂事不董事？我看是董事敷衍了事！看来，董事问题还是个国际性的大问题呢，等到金融危机平缓一些，还得抓紧时间给这些董事们补补课。

我们国家改革开放最值得称道的成绩之一，是说我们实现了从计划经济走向市场经济，从以国有企业为主导走向以民营企业为主体的转型。这话没错。不过从以上可以看出，这种转型目前只是完成了一个阶段性工作，后继的任务还任重道远。

让董事回自己的家

让真董事回家，回到自己真正的家，实至名归。真董事就是真股东，真股东就要真出钱，有了这两"真"，自然就有真正行使权力的董事，就有真董事。因此，企业的董事血统要纯正，出多少钱就占多少股，有多少股就行多少权。

让假董事也回家，"出差"的董事回单位好好完成本职工

○ **黎明企业观**

监事要监督企业所有的人和事，坏人和好人都要受到监督才是一种完全的监督。坏人，不应是监督的唯一目标，监督的目标必须要覆盖所有的人，包括好人。因为所有的人都有坏的可能，坏人在没有做坏事前也都还算是好人。

作，"马仔"董事还想拎包的就在车边等着，独立董事坐回自己的座位上。过去有"当官不为民做主，不如回家卖红薯"的说法，现在我的修改版为"董事不为股做主，不如回家吃豆腐"。

监事，不要若无其事

监事要监督谁——坏人要监督——好人也要监督——监事由谁来监视——齐抓共不管——不监就无事——不监就兼事——无事就出事——监事的大事——董事会有多大的决策权——监事会就应该有多大的否决权

　　在很多企业的实际运行中，董事会是照猫画虎，似是而非，监事会更是照瓢画葫芦，四不像。

　　在传统文化的概念里，我们总是习惯把人分成好人与坏人。按我们上小学那个年代时的说法，百分之九十九的人是革命的好同志，剩下的极少数才是坏分子。从我们现在的情况看，这个比例关系并没有变，好人多，坏人少，今后社会不管怎样的发展变化，也不会坏人多，因为好人坏人是由当时多数人去定义的，由此会产生

○ **黎明企业观**

　　企业里的高管不是全管，更不是想管什么就管什么，擅长什么管什么，什么有利就管什么。

一个永久不变的结论：坏人少。

监督是针对少数坏人设计的制度，只有坏人才需要监督，应专门盯住那些坏人；好人当然是不用监督的，如果对全体人员实施监督，那样会不好意思的，因为其中大多数是好人，好人怎能被监督？只需要揪出一两个坏分子，剩下的根本用不着去监督。这是我们传统文化里的误区，这是过去政治运动对我们一代人思想的扭曲，这是潜伏在我们企业管理中的后遗症。以至于到现在，不少企业里的监事在任期内自始至终也没搞清楚——

ᴵⁱⅼ监事要监督谁？

监事要监督企业所有的人和事，坏人和好人都要受到监督才是一种完全的监督。坏人，不应是监督的唯一目标，监督的目标必须要覆盖所有的人，包括好人。因为所有的人都有坏的可能，坏人在没有做坏事前也都算是好人。

比如，在甲小区有一个准备偷东西的人在踩点时发现，小区监控设施齐全，防备严密，没有死角，保安值班正规，责任心很强，居民警惕性也比较高，这人经过综合的专业判断，此地不宜下手，转了一圈回去了，最后他没有成为小偷。与此同时，在乙小区，监控、保安措施及居民的防范意识都与甲小区的情况相反，有一个没有打算偷东西的人临时起念，顺

手牵羊拿了别人的东西，他就成为了小偷。

由此看来，监督的作用在于既要防范坏人干坏事，还要防范还不是坏人的人有可能去干坏事，总之是要尽量降低人们犯错的概率。

监事会应监督企业运营的全过程，其监督的范围是对所有人、所有环节进行全程闭路监督，其重点是监督董事会的决策程序，其主要任务是对可能发生风险的环节事先预测，防控布控。监事会，不是企业的"派出所"，抓小偷不是主要任务，防小偷也不是主要任务，制定防小偷、防大偷、防外盗、防家贼的整体长远的制度及当下的布控措施才是正业。对照之下，我们很多企业的监事方向没有对准，工作目标也不明确，这种监督自然是不充分、不全面的，留下了很多监管的漏洞。当然，漏洞不仅仅在此一处，其先天还带着一个意味深长的基因漏洞——

谁来监督监事？

监督者是人，人都是有缺陷的，是人都需要监督，我担心的问题是，监督者谁来监督？这不是企业自身的问题，而是社会整体在

○ **黎明企业观**

我们国家改革开放30年所做的主要工作就是不断拆除我们与外部世界的重重围墙。互联网的伟大在于一夜之间拆除了几千年间无数个围墙，想出去的出去了，想进来的进来了。我们是世界的，世界也是我们的。

监管方面存在着先天的缺陷，从而把企业的监管理念和行为带进了误区。

现在，整个社会越来越重视监管工作，各大行业都成立了专门的监管组织，如银监会、保监会、证监会、电监会等，各系统、各企业也都设置了内部的监管部门。这些机构的诞生表明社会的理性进步，但我认为这仅仅只是迈出了一小步。

而那一大步是隐形的、容易忽略的却恰恰又是最要害的，这些监督行业的"会"由谁来监督？从实际情况看，我们出问题多数并没有出在下面，而是出在上面监管部门自身，因为这种监督背后留下了一个不宜察觉的漏洞。这个漏洞源自一个文化的误区：因为他们是代表集体、代表大多数，监管者大多数是好的，因此，他们是不必受到专门监督的。从而，监督没有形成一个完整封闭的循环系统。当然，我说这话肯定得不到在监管岗位上人士的认可，他们会列举一大串组织的名称来说明他们是受到监管的。我承认这样的现象，但我不认可这样的结论，因为在传统文化的概念里，凡事人人都管就是人人都不真管，结果还是不管。

实际上，由于受大环境的影响，在企业的管理结构设置中也没有形成闭路循环的监督系统。按理说，股东大会对董事会的考核应该以发展性指标为依据，对监事会的考核应该以规范性指标为依据，都应该有量化考核的指标。可在一般情况下，对董事会容易产生几个明确的考核指标，对监事会工作考核的

量化指标却是模糊的，甚至根本就没有。说起来股东、员工、行业监管机构，还有那么多的组织、上级等等都能对监管者进行监督，实际的效果也许正应了一句老话："群龙不治水"，同时也符合一句新话："齐抓共不管"。由此，我的结论是，企业的监管者实际上并没有被监管。

自身的工作没有监督，自然就散漫无主无神。监事会的工作怎么做，好像就是说"看着办吧"。换句话说，就是想怎么干就怎么干，看到啥就干个啥。在这种情况下，假如你没干过企业，你也可以想象，监事会，会怎样的去工作的吧——

▥ 无监就无"事"

监事，对一些人来讲不一定太熟悉，因此，也常常容易出现误写的现象，比较多的情况是写成"监视"，有时候也被写成"兼事"的。我经常在琢磨，误写，也许并不完全是因为发音相同造成的，可能也有人们按实际的印象联想描述的成分吧。事实上，我所看到的很多企业的监事们不要说完成使命问题了，有不少干脆都把自己的姓名给忘了、丢掉了。监事不干监视的活，最终沦为"兼

○ **黎明企业观**

我们很多企业里的老大，更像一个诗人，总是喜欢按自己的想象去摆布企业里的事。可从现实管理上去看，老大似乎又不具备诗人超凡脱俗的境界，实际上将权力牢牢地攥在自己的手心里，又像个干部。

事"，其中不乏内在原因。

在现代企业法人治理结构中，从理论上讲监事会与董事会是平行机构，但在实际股权结构安排中，监事会却往往低人一等。在企业股权权力分配时，董事的席位一般都按股份的大小设置，监事会的产生则是为董事会拾遗补缺，是小股东的代表，监事往往是上层结构里的"贫下中农"，是董事会里安排不下的那一部分人，委屈一下，到监事会里去吧。

很多情况下，监事会成员实际是由董事会决定的，董事长是老大，监事长也得看董事长的脸色吃饭。就像行政机关里的监察室一样，它的职能是监督主要领导和其他部门，但监察室却只是机关里的一个部门，其工作人员的任免都是由被监督对象来决定的，平时的工资、晋级、福利也都是由受监管对象来决定的，在这样的情况下，闭上眼睛都能想到他们会是怎样进行监督的。

监事会本是天然的带刺玫瑰，往往却被做成手工绢花，软绵绵地插在了花瓶里。监事们在企业里出身贵族，身居上层，手里端的是"银饭碗"。董事会是老大，监事会是老干部；董事会权力大，监事会的威望高。监事们的政治、经济待遇都不低，大会小会都请来，从来都坐主席台，很有面子；在生活待遇方面一般被列入高管层次，工资、福利、收入都不低，比较稳定，带来的实惠不少，很舒服。当所有事情模模糊糊的时候，个人利益其实是最清晰的时候。从监事个人角度看，守住

位置是比较稳妥的办法，高度近视，睁一眼、闭一眼，视而不见、听而不闻就成为习惯，枪口抬高一寸，多一事不如少一事就成为思想的主流倾向。

监视，就是监督人家的不是，大多都是得罪人的事。若监督严，发现查处的问题多了，显得主流倾向不良；可是规范性做得太好，一年不检查出一些问题，监事会的功能将会受到质疑。所以，你说监事会的事是多了好，还是少了好？当然是事情不能多也不能少。要达到这样的效果就得避重就轻，环顾左右而言他。

监事会没有硬性的工作指标，他们的工作是凭觉悟来做的。在这样一个大前提下，监事个人的选择就变得很重要了。也就是说，监事们想干多少就干多少，想起什么就干点什么，甚至可以根据个人爱好、特长来安排"丰富多彩"的活动。

该干的没干，不该干的就越干越多，人员招聘打打分，部门考核跟跟班，实在无聊了组织职工唱唱歌、打打球，忘了自己的主要职责，一副若无其事的样子。主业的功能逐步丧失，副业的功能一

○ 黎明企业观

越位是一种无形的特权，越位的人是有资格越位的那些人，越位越多的人是在企业内部越有位置的人。因此，他自己不愿说，畏惧他的多数人不敢说，而奉承他的少数人却将这种"越位"现象美化为"任劳任怨""加班加点"，甚至"鞠躬尽瘁"。你想，你大部分时间处在越位状态，干了别人的活，你不"没日没夜"地干，那事情肯定是干不完的。

步步强化，最后，监事们彻底把"监"字给丢掉了，监事变成了"兼事"——

▍▍▍ 无"事"就出事

现代公司法人治理结构中，设置的监事会是一种功能性结构布局，是企业发展经验教训的结晶，是企业发展的必备核心条件之一。

现代企业就如同一部完整的汽车，要具备动力、制动、调节三大系统。如果说董事会是方向调节系统，经营班子是动力系统的话，那么，监事会就是制动系统，不可缺少。如果一部车只有强劲的动力，若没有与之匹配的制动系统，就不能成为一部好车，出问题是必然的。我们在开一部新车时，总是习惯性地先试试刹车怎样，刹车功能是否与动力功能匹配，重要的是一脚下去就能把车停住，监事会就是干这个的。

很多企业在组装这部车的时候，总是考虑如何把主要的能源、材料配置起来以提高动力，跑得快，对制动系统的设计却没有按车的最高时速去安排，而是仅仅作为辅助系统，不重视制动系统与速度能否匹配这样重要的常识。假如我来组装一部车，用汽车的发动机，用自行车的刹车皮，这样的车不要钱给你，你敢开吗？

一个失去真正监督的团体，出毛病的概率会大大增加。

当企业出问题后，董事长、总经理自然要负很大的责任，按说监事长、监事的责任也不可能小。可我们看到的情况常常是董事长、总经理纷纷落马，却很少看见监事长承担相应的监管责任。不过这个问题也好理解，实际的权力与实际的责任成正比关系，因为监事会没有实际的权力，所以也就没实际的责任；再倒过来看，因为监事会没有权力约束，就像高速跑的汽车没有刹车一样，董事会、经营班子出问题那是必然的事，迟早的事，监事无"事"就必然会出事——

监事的大事

在我看来，在企业内部削弱监督的力量，一时痛快方便，掩盖了短期的矛盾，带来的却是长远的内伤。短期的痛快与长期的痛苦是一种累加式正比关系。要想没有事或者说少出事，就得主动接受监督。因为人的天性往往会设法本能地摆脱外界的监督，取得一时的利益，但最终受害的还是自己。

宇宙之大，并不代表星球之间就能互相往来；地球之小与人口之多，就限定人必须在规定的范围以规定的方式行事，而且必须要受到约束，必须要受到种种不舒服的约束。地球是全人类的，有限

○ 黎明企业观 ────────────────────

人情，简单说就是办事找熟人，没有熟人就通过熟人找熟人，找熟人就是要办事，办好事，好办事，办不好办的事。

的空间是为所有人生存的必需。所谓的人类文明，就是人们不断减弱个人内心欲望、约束自我个体行为的进步过程；所谓绿色空间，就是人们在现在的生产生活中主动舍弃眼前的一部分利益，为今后留出一些生存的空间。这是一种觉悟，同时也是一种无奈。所以，人要长期生活得自在，就要忍耐短期的不自在；人们要生活得共同自在，就要承受个人的不自在。

　　人要这样，企业是众人的群体，更应如此。换句话说，企业只有在有效的监督之下、在规定的线路内运行，才可能发展，才可能生存。要我去衡量一个企业的治理结构，我会首先看监事会的实际作用，我会通过衡量监事会是否有知情权、发言权、监督权和制约权等等这些方面来评估这个企业的内控管理的实际水平。

　　监事会的位置在股份制公司法人治理结构里非常清晰，与董事会一样，是股东代表大会下设的两个并行的机构。其主要任务是监督整个公司在运行中是否符合公司章程，是否贯彻股东大会的要求，是否代表股东的利益。其中的一项重要职能就是专门监督董事会工作的决策程序，应该说，监事会具有更超脱的地位。也就是说，有资格直接批评纠正董事会工作的只有监事会。想想看，这对于一个企业成长运行来说是多么大的一件事，我们的监事们该有多少事情需要去做呀。

　　对于一个优秀的企业来说，在法人治理结构建设中，监事会应该有一套独立的用人、财务系统，不靠被监管者吃饭，自

然就不看被监管者的脸色行事。董事会肩负多少责任，监事会就应肩负多少责任，董事会有多大的决策权，监事会就应有多大的否决权。

让司机敬畏警察才是常理，警察叔叔若站在马路中间给过往的汽车擦玻璃，不堵车那才是怪事呢。

○ **黎明企业观** ————————————————————

> 小企业犯不了大错误，可大企业犯的并不都是大错误。所谓大错误就是很多小错误的相加之和，而小错误往往又都是些常识性的错误。当别人想捂住自己的双眼时，自己的其他感官就会努力启动判断，能把看不到的事情判断得很清楚；但当自己欺骗自己合住双眼的同时，也就关闭了所有的感官功能，从而找不到自己的位置，这正是人们常说的最大的敌人是自己的原理吧。

领导，不要太累

企业管家是怎么累的——面子之累——表情不原装——架子之累——肌肉酸——名声之累——雷声大雨点小——钱权之累——钱不由衷——管事管人之累——动口也动手——不管就不累——管理的道德

不少企业管家头上的光环比较多，有别人照上去的，也有自己花钱买的戴上去的。他们天天奔波于会场、酒场之间，接不完的电话，见不完的人，谁劝也不休息，走哪儿都喊累。下面我们一起去同情同情他们到底有多累。

面子之累

企业管家长的什么样？正面光太强，看不大清楚。他们大多都喜欢出现在电视、报纸、杂志、年报、宣传册上，以红紫色为主基调。早些年，市场经济刚开始，他们都穿西服打领带，后边立着党旗、国旗，大多是双手做合拢状，端坐在大班

台前，表明很有成功的决心。稍后几年，他们喜欢手持电话，表明联系广泛，生意兴隆。后来又统一改为手持钢笔，表明很有文化。现在，终于从办公桌前站了起来，走到桌旁的花木前，表明很有修养与情趣。但无论姿势、位置如何变化，唯一不变的是他们的表情：认真、严肃、壮志未酬。

如果把这些照片放在一起，猛看上去感觉他们的穿戴一样，脸谱一样，场景一样，好像长相也差不多。也不知什么时候谁规定了企业管家就都成那样一种脸谱了，就像现在的新娘子穿戴、化妆一样，全国一张脸，婚纱照的主要功能是把你照得不像你，企业管家也一样，面孔上摆放的表情一般都不是自己原装的。

架子之累

企业管家起步的时候一般喜欢先搞大资本金，租上档次的办公室，再买大排量的名牌汽车，要有专职的秘书和司机，招收不少的员工，设置齐全的部门，然后印有一大堆职务的名片，有模有样很像个领导，架子大、派头足。随后事情稍有点规模、起色，手里有

○ **黎明企业观**

企业家办企业起起伏伏的故事很多，不少企业往往把成功、荣誉归结为自己的努力，把困难、危机、失败归为运气差的天意。什么叫天意？在我看来，天意就是宇宙万物大自然的规律在我们身边具体事物中的演示再现。你尊重她，她就展现在你面前，你不尊重她，自然就看不见她了。天意原本自己造！

了点钱，就坐不住了，内心深处压抑的想法也按不住了。业务小规模，行政大架子，企业管理但行政的架子样样齐全。内部先把行政机关的架子摆开，很官面，行政机关有的我要有，企业有的我也要有，弄成一个复杂的金字塔结构，官大一级压死人，企业是我创办的，我说了算！权力事小、感觉事大，恨不得把企业内部的部门都改成厅局才解气，估计平时也是受了这些部门人太多的窝囊气了，想用这些形式来发泄发泄。

可能很多人都玩过一个小游戏，就是空手将自己的两个胳膊抬起来端平，看谁坚持得比较久，最后多数人实际坚持的时间都比自己预计的时间少得多。设计这个游戏的目的不在于比输赢，而在于启发参与者：这么简单的一个动作实际上是很累人的。可想而知，一个人常年一个姿势、一种表情至少要比抬胳膊累得多。由此，我在这里自然就推断出，要面子和端架子都比起初想象的程度累得多。

▙ 名声之累

名声要响亮，先得把企业的数字弄大。形象擦得亮亮堂堂，今天搞搞赞助，明天扶扶贫，过一段找个媒体挖掘一两个动人的故事，在电视报纸上露露面，以此表现出强烈的社会责任感，散发出参政议政浓厚的兴趣以及强烈的愿望。在此基础上争取弄个社会影响大的代表、委员干干，如果这两个光环都

没有套上，至少也应该掏点钱弄个什么行业的企业家、协会的副会长，总之不能空着手，不能太寂寞，总得有点响声出来。

但如果真弄上个什么代表、委员也有烦心的时候，这些组织一般都在春节前元旦后开会，而且会期至少两三天，听不进去坐不住但还要坚持，至少在分组讨论时电视上能露个脸。这一点很重要，比自己花钱在广告上露脸的含金量要高得多。同时和领导见见面、握握手、碰碰酒，在各界人士中穿梭收发名片，全当做是节前一次大的公关营销活动。想想也可爱，商人大都是先天的政治家，谁说商人不懂政治，政治没有商人掺和那该多枯燥。

我总在想一个矛盾而有趣的现象：商人的官样情结及官人的经商欲望一直剪不断、理还乱。在传统文化的观念里，商人毕竟不入主流，官人才体面。有一点儿成功的企业管家都想往官上凑，但你若真给企业管家一个官，让他别做生意了，企业管家不见得干；官人总眼红干企业的挣钱不少，但说让他辞官来挣钱，他又说做不来。我看主要是舍不得。于是就经常出现角色反串的情况，企业管家稍微做大一点就像官员一样，说一些国计民生指点江山的大话，而官人总是喜欢去参与指导企业的具体业务。从这个角度看，在中国纯正的企业

○ 黎明企业观 ───────────────────

> 从宇宙宏观视角来看，一个人、一个局部、一个企业的能量是有限的，总量也是有限的。有上必有下，有阴必有阳，有能干的事，必有不能干的事。其实世间本不存在无所不能之人，很多人不明白，很多人不甘心，很多人经历的无非是"谦虚使人进步，骄傲使人落后"这样简单而又复杂的过程。

家和政治家都不多，但这两者却结合出不少真正的大商人，于是才会出现官模官样的企业家，管理企业的政治家，这还不是一个简单的官本位与市场经济的矛盾问题，而是一个独具特色的政治与经济的大学问。

ⅢⅢ 钱权之累

权和钱，两样都是好东西。到了一定的时候，只有两样合在一起才算完美，光有钱没意思，光有权也无聊，就像男女长大了，合在一起才有意思。金钱和权力，组成了政治经济学不变的主题，权和钱的约会是天然的，权和钱的结合是本能的。

常听有人说，我这个人就是不爱权、不喜欢钱。我对这些话从来不信。有资格说这种话的应该是掌过大权、挣过大钱的人，要么是大智若愚，要么是历尽沧桑。如果一个机关里的主任科员说不爱权，显然是安慰自己的假话；如果现在一个每月只挣一千块钱工资的人说不喜欢钱，那倒是真的，因为是钱对不起他。报考公务员的场面很火暴，我想稳定不多的工资至少不是第一要素，当下的面子，今后的权力转化为无形的收入，才可能是真正的内在动力，说明爱权、爱钱才是人的内心真实。

在一个不充分的市场范围内，企业爱钱就得和权力靠近，因为和权力靠近就可能走近道。企业在计算权的大小与钱的多

少时实在是累，因为即使读完博士，老师也没教过你这样的算式，或者说干脆就没有公式可套。钱转化成权，是个累人的事；权转化成钱，是个废人的事。后者比前者更累人。

管事之累

企业的管家们常常对外讲面子端架子，但在处理内部事情上却一点都不讲究这些，既动口又动手，管他君子小人呢，抓大不放小，一竿子捞到底。想想看，那得费多大的力气呀，平时得呕多少心沥多少血？刚才主席台上训话两小时你是领导，一转脸你指指点点成了教练，一会儿你动手动脚的又如同运动员操练起来了，把下面小人物的小事情全包办了，要多累有多累，是个机器人也会累的。

整天都在琢磨着如何管住别人，如何管住下面的人，和下级抢饭吃，总压着人家，大事小事你都抢，时间久了，别人要么混日子应付你，要么敬而远之躲着你。再者，你把对象搞错了，把方向搞反了，真正该管的是上层，是自己。管住别人容易，管住自己最难。在企业里，能管住上边也就能管住下边，管住了自己也就管住了别

○ 黎明企业观

　　其实，当你玩虚的时候，算计你的人和事就会乘虚而入，把你干的那点事放大十几倍、几十倍，反反复复说给你听，让你不喝酒也醉八成。于是，你就会醉心于那本不是你的那些八和九，丢掉自己手中的那一和二，最终不是分量超重压垮自己，就是战线拉得过长，资金断流拖垮自己。

人。企业里管理的"短板"往往是"上边人"制造的，上边的人理所应当地认为自己只是给别人制定规则的人，自己则视情绪的状况可以遵守、也可以不遵守那些规则。原来是上面缺木板，可你在下面堵漏洞，岂能不累？

不要、不管就不累

为什么这么累？总的一个判断就是东西要得太多，背得太重，没法不累。从外部看，想要的东西太多，面面俱到，面面俱不到，累在心里；从内部看，制度功能的不健全、不完善，又不是现代机器，达不到自动化半自动化程度，只能进行手工操作，而自己的精力有限，不授权，不授真权，不真授权，那么多的活儿都堆在身边，自己干不完，又不给别人干，累在身上。想想看，身心俱疲那是真的累。

怎样才不累，从我的实践经验看，外部的东西不要就不累，不要那么多就没有那么累。多年的经验告诉我，里子面子那些东西有了没坏处，多了没好处，有用的、背得动的才是有价值的。很多人为了和自己距离很远的重要人物吃顿饭，花钱不少、费事不少，人情很多，吃完了自己也不知道为了什么，下次有什么事，人家并不见得因为一顿饭还能认出你。这些年我深深体会到，这种人情的积累需要时间、精力、身体、精神的耗费，但实际价值就像过年放的炮一样，花钱买

来是个东西，点着了听个响声也就变成一堆垃圾了，一次性消费产品，不是一个长久的耐消费品。

因此，我不止一次地劝说同行们，不要在这些方面下太多工夫。虚名的东西一旦放在肩上，时间长了，分量是很重的。怎么办？不要就不重，不重就不累，不要那么多就没有那么累。面子、架子、名声、官商钱权这些东西肯定对企业是有作用的，但若仔细算算账，将其中投入的精力、财力、时间算个总账，再将产出算个总账，多数结果是收支不平衡，投入大于产出，而且产出的多数是时令产品，保质期很短。若把这些投入专心专意地用于企业健康成长方面，从长远着眼，从发展内部核心竞争力去着手，我想，结果肯定是收大于支。

从内部管理看，企业管家怎样才不累呢？要我说也很简单，不要就不累，不管就不累。乍一听这是句废话，仔细一琢磨是个大实话。管理不是什么都管，管理的艺术是不要去管所有的人、所有的事，是主动放弃我们管不好的、管不了的、管不着的那些事。也就是说，有人管的事不要管，有人能管好的事不要管，有人管得了的事不要去管。领导就是引领、指导抓大事，该管的管，不该管的不要管得那么多。

○ 黎明企业观 ────────────────

　　具备了核心的竞争实力，稳坐钓鱼台，当然不用四处靠散打觅食，更不用动不动就你死我活的搏斗。竞争，不在于表面的厮杀，而最终取决于内部的核心实力——你比别人多的那几斤几两。

106

无论在什么地方，做小事的人总是多，做大事的人总是少。领导的岗位就是规定做大事的地方，身先士卒、鞠躬尽瘁，精神可嘉，但从企业管理资源的角度来说，则是一种浪费。当一个人同时具有飞机和汽车的驾驶资格时，开飞机当然是优先的选择，如果我们的领导具有驾驶飞机的资格，就不要去抢着开汽车了。随着社会的发展与进步，各类管理分工越来越细，专业越来越精，条件越来越高，管理中有大量的自己管不好的事情，我们要善于放弃，留出空间让对这些事熟悉的、懂得的、专业的人去管。主动放弃既是一种智慧、一种胸怀、一种效率，也是一种管理的道德。

累，累自己，也累别人；休息，自己休养生息的时候，同时也给别人一个喘气的机会。有效的管理方法有多种，疲惫时的休息是一个成熟管理者的基本修养。

长官，不要跟员工玩游戏

时代的"高帽子"——现代的把戏——人才的高帽子——有人无才——主人的高帽子——当家不做主——理想的高帽子——远水不解近渴——员工不轻松——管不起钱袋就管不住脑袋——摘掉高帽子——说点实在的——做有效管理

企业的管理者往往都觉得自己很聪明，尤其是随着事业的进步，觉得自己越来越聪明了，这种聪明的直接感受是来自于对周围人不聪明的误判。其实这是一种自我感受的虚高，感觉自己地位高了，眼睛自然就高了，就会居高临下看员工，就会觉得下面人，尤其是基层员工的"觉悟"太低了。于是，总想和下面的员工玩一些不费钱的、华而不实的游戏，以此收到提升自己形象、降低管理成

○ **黎明企业观** ────────────────────────────

真董事就是真股东，真股东就是真出钱，有了这两"真"，自然就有真行使权力的董事，就有真董事。企业的董事血统要纯正，出多少钱就占多少股，有多少股就行多少权。

本的效果。"戴高帽子"游戏就属于这一类。

"高帽子"这个词要让80后的小青年听恐怕已经不太明白了，它是我们那个特定时代的产物。在我的记忆里有两个印象，一个是"文化大革命"的时候开批判会或游街时"坏分子"头上戴的，一般都是报纸糊的，上面写上名字或口号，主要起醒目的作用；还有一个就是形容对人的表扬，故意夸大其词称为给人"戴高帽子"，和现在流行的"忽悠"的用意差不多。

第一类高帽子已进入了"文革"历史博物馆，而第二类高帽子还经常戴在人的头上，尤其是在小人物的头上居多，一般情况下都是由长官们戴在员工头上的。我算了一下，经常戴在员工头上的高帽子至少有三顶：人才的高帽子，主人的高帽子，理想的高帽子。

▮▮. 人才的高帽子

企业原本就不需要区分人才的界限，企业本来就不该使用无才之人。反过来说，在企业里工作的人人都是人才，只是每个人的才能大小效用不同罢了。其实在企业内部的层级、岗位、职务、薪酬、待遇等多项指标已经将一个人在企业的才能贴上了明显的标签，进行了充分的说明。工人、班长、车间主任、厂长、总经理、董事长的区别显而易见，若再去划分人

才、非人才的概念就显得画蛇添足了。

人才，人加才，是人都有才，人人都有才。只要在自己的岗位上尽职完成规定的工作任务，给企业创造了效益，就是人才。总经理是指挥台上的人才，打扫卫生的大姐是清洁岗位上的人才，总经理与清洁工在自己的岗位上都有才。同样是在总经理的办公室里，一般情况下，接电话、批文件、下指示，卫生大姐不如总经理；擦玻璃、抹桌子、整理杂物，总经理干不过卫生大姐，如果临时将两个角色对调一下，可能双方都显得才能不足。一个优秀的飞行员在一个没有飞机的企业里有劲使不出来干着急，想成为人才的机遇要小得多。企业里需要的不是最有本事的人，而是最适合岗位需求的人，这些人在自己的岗位上尽职工作就是人才。

一般情况下，在企业里，员工是按行政岗位来区分职位，但在群体的潜意识及薪酬设置、绩效考核工作中，企业总是强调选拔人才、保护人才，感觉人才都是站在尖端上。那些多数没有被称为人才的人自然就是等外品了，于是企业里就划分出人才与非人才两部分，为了做到区分，就给一部分人戴上人才的高帽子。这些人头上顶着个东西，虽说感觉不重，但为了戴稳当就得长时间地保持脑袋的端正，实际上不轻松。当然了，没戴上高帽子的人就更不轻松

○ **黎明企业观**

> 大有大的短处，小有小的长处，这个项目上不去，那个事情就在那里等你。企业的发展能力不在于迅速增加项目、扩大规模，关键在于要找适合你的项目，不仅是你能掏得起腰包的项目，更是你能驾驭得住的项目。

了。一顶高帽子，人为制造隔阂，形成对立的两拨人。分出来的少数人才并不感到无比荣光，多数人还有些尴尬。按照我的理解，企业里所有的员工都应当得到管理者的尊重，因为他们都有专门岗位、专门的知识技能，都是人才。

有的企业管家把人才当门面，简单追求高学历，把员工的学历糊成一顶企业的高帽子炫耀；有的企业甚至还以自己有多少博士、硕士为企业形象广告语；有些企业管家把缺人才当成了时髦的口头禅，无论大会小会，只要问企业管家您感到最缺的是什么？几乎异口同声地说是人才呀，好像不说缺人就丢人，不把人才问题放在第一位就有脱离时代、不够时尚的嫌疑。

任何事物都一样，当你注重表面的时候，往往会忽略内在的东西。这类企业可能并没有研究好自己的企业需要什么人、如何使用、如何发挥、如何产生效率、如何留住人、留住心等问题。如果内在的关系不理顺，表面的人才关系也不会维持长久。

主人的高帽子

《公司法》条文说得很清楚，企业出资注册，企业的主人是股东。可我们的企业有时人为地将员工的地位拔高了，弄得员工有些晕乎，站不稳，找不到自己准确的位置，容易跑偏，

服从力跟不上。

从小到大，我受到的教育是我们都是国家的主人，按此推理主人应该很多，到现在我们还经常听到无产阶级、工人阶级好像与主人都还有很大的关系。如果按传统教育的逻辑推导，企业里全体员工若都是企业的主人，那么董事长只能去当保安了。从企业管理的角度来看，主人应该少，非主人应该多，这才符合常理。

新中国成立初期，我们国家军队实行过军衔制，后来不知什么原因取消了。1989年又恢复军衔制，当时我在部队，听说其中一个重要原因是为了在战场上区分主次。之前在越南战场上，由于多头部队挤在一起时，不知该听谁的，造成了很大不必要的伤亡。因为那时军委主席与排长穿的衣服是一样的，都是四个兜，无法判断谁的官职大，士兵不知该听谁的。这里出现了一个重要问题，就是官太多了，主人太多了。实行军衔制重要的一个功能就是明确区分身份，在最乱的人群里，在最短的时间里确定主人，谁的军衔大谁就是主人，按我们口语说的，谁的官大就听谁的。

可能我们的一些管理者也是出于一种善良的愿望，总想用"大家都是主人公"的概念拉近双方的距离。其实，双方的心里都很清

○ **黎明企业观** ────────────────

> 在我们日常生活中，择菜就是典型的选择。首先要把不适合的部分剔除，剩下的就是好东西，企业的选择不外乎也是这个原理。同理，企业发展到了中高级阶段，仅仅知道该做什么是不够的，同时更要清楚不该做什么，主动的放弃就是有效的选择。最早是市场选择企业，最后，一定是成熟的企业去主动选择市场。

楚，嘴上说说没用，想动真格，得拿出些股权说话。大可不必担心员工个人的心理感受，现在的小青年早就适应这样的文化了，不当主人不丢人，不怕别人当主人，每个人都有当主人的机会，至少自己是自己的主人。

在传统文化里，主人的概念总是按尊卑划分，所以显得不大方。既然主人为尊，就只好小里小气地说大家都是主人。从企业管理的角度看，主人的主，应该按主次的概念理解会更贴切一些，管理必须要有主次，与尊卑无关。在任何一个群体里，需要有主人，但不需要人人都是主人。让员工了解主次关系，把事情的本质搞清楚了，才能有效地提高服从力、执行力。

理想的高帽子

我们从小一直接受理想教育，看来这是一个终生教育的内容，因为到现在有的口号、概念我还没太明白。在我的印象里，好像理想就是大人给小孩讲的那些又远又大的事情，给短期工制订长计划，让肚子饿的人说吃得很饱，让寒冷的人喊热。理想主义的口号寿命都是万岁，好像不能百岁，更不能随人的寿命可以只活几十岁。

我们的许多管理者天真地以为多给员工们唱唱企业之歌，多讲讲企业的传统，多背诵一些企业的信条，多展示企业正

面的、未来的愿景，从而就树立起了远大理想，员工就可以不计报酬、无私奉献了。你在台上激情演讲时，他们在台下很平静，看上去他们听得都很认真，这是因为他们不敢不认真，而实际上好多东西太遥远，听不懂，没听进去，有的则压根儿就不想听。

这些小青年与我们一些管理者相比，他们对于理想与现实的问题想得更成熟、更理性。钱的问题是摆在员工面前最现实的问题。员工们理所应当地认为，自己对企业付出的是一种能力，能力是培养的，培养是要投入成本的。能力本是一种商品，商品是有价格的，企业聘用员工应该付出合适的价钱，希望产出大于投入是人的基本要求。因此，你在台上讲理想的时候，他也许在下面想钱的事，你爱说什么都行，反正我坐在这儿已经拿到了半天的工资。

人有物质、精神等多方面的需求，理想属于精神需求范围。人一定要有理想，但人在不同时期对理想的态度与排位是不一样的。大学生追求理想第一，那是因为有父母供钱。但在企业里，尤其对于普通员工来说，工作，首先不是为了理想，而是为了生活，为了更好的生活，而能够更好生活最亲密的伙伴就是钱。大部分人是把工作中的钱排在第一位。管理，就是要管大多数人的需求，否则，没人理你。

○ **黎明企业观**

很多书过多地将祖先的那些智慧简单解释为商业的计谋，将商业技术变形为阴谋的权术，那些编书的人简单地将战场与商场生搬硬套在一起，将伟大的军事著作自作聪明地降低至雕虫小技，至少说明他们既不懂战场也不懂商场。

对于员工的管理，管理者要理智：物质是基础，物质在前，精神在后，理想可以放大利益，但理想不能等于利益。因为理想已经发生一步步的演变：牛奶会有的—牛奶会有吗—牛奶有多少—牛奶我多少—牛奶何时到？

既然钱是这么重要，很简单，企业管理就围绕钱的问题来设置展开。可我们有的企业管家却把简单的问题弄复杂了，往往抓不住要害，很卖力气地进行着理想教育、愿景展示。企业管家们往往说，钱不能代表理想，员工常常心想，离开钱的理想就是空想。普通员工更注重眼前的、近期的事情和当下的利益：这个月薪水能发多少？今年多少工资，明年是多少？够不够花销，其他收入还能有多少？需要缴的、扣的有多少？最后剩下的是多少？能不能买得起汽车、房子？

教育内容的错位造成结果的差异，我们的企业管家们反而常常抱怨员工缺乏基本觉悟和应有的热情，没有远大的理想，没有爱企业如爱家的意识，一天只顾打自己的小九九。本来嘛，小人物本身就管不了大事情。

说实在话，做有效管理

我们这一代人是戴着"高帽子"走过来的，我们最清楚"高帽子"的正反作用。我们曾被"高帽子"拔高，双脚离开了地面，在一度时间找不到自我。当自我意识的本能回归的

时候，反而不熟悉如何驾驭自我，失控的风险不止一次闪现。因此，我从内心很抵触"高帽子"文化，有点像某种食物吃伤了一样，有些过敏反应，尤其是看到过多的大标语、空口号就觉得刺眼、不舒服。

今天，当我们站在管理者的位置上，不要在不经意间又把那些"高帽子"拿出来戴在员工头上。在我看来，这些都是无效管理。现在的员工，知识面比起我们当初更宽，他们的个性更强，不会像我们当年轻易顺着引导就被牵着鼻子走，他们接受了我们的经验教训，追求的东西更理性、更实在。对于我们很多的理念，他们从内心是不接受的，有时你看他接受了，那或许只是他们一时的权宜之计，是一种假象。

总之，不管员工的想法有多少，作为管理者，我们首先要自己想清楚，我们对员工不要要求他们有多高的理想与追求，也不要觉得他们很世俗，看法应该趋于中性一些。员工是企业整体的一部分，管理员工实质也是在做一种生意，做生意要有诚意，给员工戴几顶高帽子就想让员工顺顺从从，这样没有诚意。当然，没有诚意就得不到相应的回报。

你管住了员工的一部分钱袋，也就管住了人的一部分脑袋。他

○ **黎明企业观**

老天给你定的就那么多的钱，早挣晚不挣，早赔晚不赔，尽可多努力，不要太着急。从这个角度看，生意的赔和赚，事业的成与败，区别都不大。俗话常说的一句话："吃亏全当占便宜"，说明的就是这个道理。

对你有所需求，就会与你靠近，与你融合。管理，管理者想"管"，被管理者要"理"，才能构成一个有效的管理链条，要想让被管理者"理"你，就得让被管理者"求"你。

员工与企业之间的关系起源于供求，员工求职，企业提供岗位。从企业管理角度看，我们要对员工进行有效管理，至少我们企业应该形成买方市场，按通俗话说，就是让员工有求于企业才行。管理者要真正管理得住被管理者，就要占据买方市场的地位，掌握主动，提供综合价值，这种价值应该等于或大于员工的期待值。

人的需求有很多，眼前的、近期的、远期的，物质的、精神的都有。但无论如何，首先解决好眼前的利益才是最有效的，尤其是对多数普通员工来说。

管理的聪明之处在于，聪明不被聪明误。

老大，不要围墙

家族的四合院——经验之墙——该看的没看——情感之墙——该走的没走——动机之墙——该听的没听——信任之墙——该来的没来——家族式企业——围墙文化——农家小院——小区栅栏——伟大的长城——越过围墙——放权分钱——共生共升

家族企业，说的是以家族成员为管理经营主体的企业。企业里的家族很正常，尤其是在企业初创时期，人少事多底子薄，家里人搭把手，亲戚带亲戚、朋友约朋友就慢慢加入进来了，逐步就形成企业里的家族或家族里的企业，最后慢慢地围绕着老大便建起了一院围墙。

这一院围墙结实，像过去农村自家盖房砌墙一样，用的材料结

○ **黎明企业观**

企业的管家们常常对外讲面子端架子，但在处理内部事情上却一点都不讲究这些，既动口又动手，管他君子小人呢，抓大不放小，一竿子捅到底。想想看那得用多大的力气呀，平时得呕多少心沥多少血！

实，凭的经验够用，出的力气实在；这一院围墙粗糙，亲戚朋友们你一砖、我一砖地想到哪儿就砌到哪儿，哪里低就加上几砖；这一院围墙不大，不知不觉四面的墙就立起来了，最后才发现自己被围在里面，主人长大了，发现院子太小了。

这一院围墙是由下面这四面墙组成的：经验之墙、亲情之墙、动机之墙、信任之墙。

经验之墙

家族企业在成长过程中，摸爬滚打靠自己，能存活下来不简单，很多成功是靠心血汗水浇灌出来的。家族企业能发展起来更是靠自己的勇气和智慧，有很多值得自己满足的地方，有很多值得让人称道的成功经验。正是这样的盘根错节，使得我们的家族企业容易看守这些经验。

一方面由于这些经验是财富而难以割舍，一方面失败的教训也隐隐作痛，以致企业在艰难的成长过程中逐渐形成了一层层厚厚的保护壳。当经验钻进保护壳里以后，再加上亲友感情的滋养，就不愿轻易出来。因此，"想当年"往往成为家族企业管理较常见的思维习惯模式。

这种模式最容易模糊家族企业的视线，"想当年"在不知不觉的过程中变为"想当然"，从而对很多现实的东西视而不见，也许是看不见，也许是不想看见。因此，一般的家族企业

能实现突破成长的较少，维持现状上下浮动的较多，还有一部分企业走上了慢慢与世脱节而终老的道路。

情感之墙

不用问，家族企业天然地渗透着浓浓的亲情与友情。企业的家族兄弟们围坐在一起，时常想起那激情燃烧的岁月、那艰苦创业的初期，那夹带着浓浓亲情、友情的回忆，表面看上去他们的关系好像越抱越紧。

其实，感情这个东西，在家族企业成员中也是处于游离状态的，并不像看上去的那么真切。当利益平衡时，感情第一；当利益倾斜时，利益第一。在创业初期，讲感情不计较利益，到了中后期事业有成时，可能会更多地计较利益而忽略了感情。

这堵墙多了一层情感的保护膜，常常堵住人员的出口，该走的人没走，该调的人没调。也就是说，家族成员不遵守企业管理"优胜劣汰""少进老出"的原则，使得一些年龄大、能力跟不上岗位工作要求的亲友该调的没调，该走的没走。

○ **黎明企业现**

看看这30年倒下的那些轰轰烈烈的先辈们，哪个最后不是大脑充血，超载行驶，那压垮骆驼的最后一根稻草，其实早就吃进骆驼的肚子里了。当年想把喜马拉雅山炸一个口子的企业家，现在在狱中可能仍然没有放弃理想，我相信他的理想终有一天一定会实现，但不是现在。当然，这个结局企业家和我们也肯定是看不到的。

动机之墙

　　事情错了，家族企业成员往往会拿动机作借口，最高管理者也常常会按"动机"的思路最终原谅对方的错误。家族企业艰难的成长历史使得企业缺乏必要的安全感，当外人与家人发生冲突，需要取舍定夺时，在决策者的潜意识里有种执著，觉得家人不管方法上如何不妥，但动机一定是没有问题的，一定是为企业好，因为他没有理由不好。言下之意是说，外人的方法可能是正确的，但动机或许有问题，因为他有理由不好，或者太好了不真实，另有所图。在这样的"动机"之下，结果不言自明。

　　家里人都是为家里着想的，家里人就没有私利的闪念吗？先把好人、坏人、男人、女人、家里人、外面人前面的那些限制词统统拿掉，只剩下一个"人"字，我们就会发现，不管家里的人，还是家族里的人，都是站在人堆里的人。

　　我在其他文章里反复阐述了一个观点，人的天性是自私的。家里人在家族企业里的本性也是自私的。自私不可怕，用理性、管理来引导"自私"的动能去扬长避短。遗憾的是，在家族企业里，我们决策管理者总是把这一部分人设定在不自私的范围内，从而失去约束，最终会使这部分亲友变得非常自私。这种自私常常以亲情无私的假面具出现，最终以对企业发展本身伤害为结局。企业发生的很多事实是，很多"坏事"都是家里

的"好人"做的。

信任之墙

这堵墙堵住了人员的进口，该来的没来。当企业发展到一定规模的时候，家族成员明显力不从心，这时都感觉需要外援力量，需要专业的职业经理人，而且这种人一定是要超过自己的，这是理性的答案。但往往家族成员面对具体人和事的时候，不由自主地又容易偏执于自我感觉，一般要经过四个阶段。

第一阶段，当职业经理人真正来到的时候，家族成员不约而同会严肃地审视：他来为了钱，为了权？他图的是什么？能有这么简单吗？给他那么多的工资值得吗？主题词是怀疑。

第二阶段，当职业经理人进入工作后，初期所表现出某些不适应的时候，弟兄们马上会很矛盾地得到些安慰：他有什么能的，不过如此。主题词是冷嘲。

第三阶段，当职业经理人熟悉适应了企业的情况，展示出某些个性化能力的时候，亲戚们会说些不屑一顾的不置可否的好像是赞扬的话。主题词是热讽。

○ 黎明企业观

每个企业都有个"老大"梦，为了圆梦，规模上不去就降低行政概念，说自己是全省、全县、全镇的第一；行政标准若降到底了，就再换个概念，怎么也得弄个什么报纸、刊物评的第一，就像多哈亚运会为照顾东道主的面子，搞了个全国人均金牌第一的概念一样可爱。

第四阶段，当管理进入制度约束权力的实质阶段，不可避免地要触动原先的责权利，包括很多潜规则时，职业经理人与家族成员之间就构成一对天然的矛盾，产生对立、对抗。其结果一般不外乎两种：企业往前走了，外人没走；企业不走了，外人就走了。

在这样的环境氛围里，尽管有不少企业大方地给一些经理人、外人分配一点股份，也仅仅是经济意义上的让渡，并没有真正融入信任的成分，外面优秀的人才往往到了这堵墙跟前望而却步。难怪据研究说，职业经理人在家族企业的工作时间一般不会超过两年。

我看，家族企业内部对外来人缺乏信任的根子在于没有自信，没有与能力更高、专业更强的人相处的自信，没有驾驭制度的自信。和其他事情的道理一样，只有信自己才可能信他人。

家族式企业

其实，我所看到的比家族企业数量更多、势力更大、代表面更广的是"家族式"企业，这是家族企业的繁殖能耐与功劳。家族企业的种种优势好处受到很多企业的追捧，从而被大量复制并改造升级。

家族式企业是说，企业内部成员本无亲戚血缘关系，是利益关系把相关的人员捆绑到一起，自建围墙，从而形成看老

大脸色、行事论功行赏的"家族式"管理模式。企业的家族是隐形的，也是变化的，顺者上、逆着下，尤其是那些原先有着"贵族"血统的，公不公、私不私的企业，披上股份制外衣后，反而开始努力地往家族企业管理模式里走。

在家族式企业里，只有老大的权力是明确的，其余的人都是含糊的，随时随地被授权，随时随地也被收权。为了寻求个人的权力，只好以牺牲公共秩序为前提，以冲破人与人之间的基本道德底线为代价，将企业化的整体结构肢解为单一的势力范围，将共同的制度变为个人的意志。这种家族式企业很厉害，不用石头砖块照样垒成一道道高大的围墙。

这种"倒着走"的现象，根子还在于利益关系发生作用。股份制企业应该是为改进和弥补家族企业不足而逐步演变而生的，在这样的企业里，每个人的权力范围是明确的，同时也都是受限制的。民主的本质在于更多地限制个人的意志，体现多数人的共同愿望。从民主体制暗渡到不民主的体制，实现家族式的抱团，驱动力在于有位置、有权力、有更大的权力、有不受约束的权力，因为有权就有利。

○ **黎明企业观**

> 企业发展除了技术、产品、人才、资金、创新、市场等因素之外，很重要的是靠发展速度扩大规模取得效益，这是个常识，大家都很重视。可另外，多大的肚子吃多少饭，吃饭穿衣量家当，这也是个常识。遗憾的是，这个常识并没有被常识化地运用到企业管理与决策之中，很多企业犯了很大的失误，后来冷静下来，一看犯的都是些常识性的错误。

家族企业的兴起，家族式企业的繁衍，早已深深植根在传统文化的土壤里。

围墙的文化

传统文化里的家，就是高大的院墙围着一堆房子，自成体系，自我完善，组成一个独立的统治体系。现在我们能看到比较完整的较大规模的有平遥古城、荆州古城、西安古城，从结构上看它们都比较相似，比较典型地展现了围墙文化的思维模式。

现实生活中与这些大城墙一脉相承的小院落随处可见，在城里叫小区，到农村叫院子。城乡住宅结构基本上还是围墙思维，城里的小区、社区也都围着一圈大院墙，越高档的区域，把自己防备得越严实。这些大大小小的围墙院落又被一个更大的围墙所环绕。我们伟大的长城，无论前人后人都把它说得如何伟大，它的作用在当时其实就是国家的一个大围墙。

我们的民族在几千年的农业生产中，围绕一院墙，几亩地，进行自我管理、自我完善，不习惯与别人合作，不擅长与别人合作。新中国成立以来，农村土地从个体走向集体，后来又从集体回到了个体，现在仍在实行的"包产到户"的方式的确促进了农业及整个中国经济的发展，可从另一个角度看，也不难发现，我们对于"合作"的不熟悉、不擅长、不持久。相

反的情况是，在工业高度发达的欧美国家，农业已经走向工业化的集中联合。目前，我们可能还更习惯自成一体的模式，建围墙就成了本能的力量。上面我们说到的古城、小区、农家院都是有形的围墙，实际上在我们周围还有太多的权力围墙、学术围墙、地域围墙同时在围困着我们。

放权分钱翻围墙

家族企业的是非功过说法很多。从我接触的家族企业看，家族力量在企业创业初期，起到的正面的、主动的、积极的成分大，在中后期负面的、消极的作用逐渐上升，束缚着企业进一步发展。

家族企业到了一定程度的确是被无数个小绳子束缚住了，就像一张网，数不清的亲情，数不清的友情，数不清的分分合合，爱恨情仇交织在一起，纺织在一起，说不清、道不明，很难割舍，因此很难实现自我突破。就像人们所说的那样，不要指望自己揪着自己的头发把身体往上提，因此，只有借助外力才可能实现自我突破。

我在写作过程中曾慕名请教一位85岁的老专家，在谈到促使家族企业转型外力如何真正进入并发挥作用时，他只说了四个字：放

○ **黎明企业观**

我们喜欢的姚明，脖子上挂个裁判的哨子，在赛场上，拿到球就投篮，拿不到球就吹哨子——假如是这样——对观众来说一点也不可笑，可是对体育、对NBA、对姚明来说，却是一件非常可怕的事情。

126

权、分钱。我把这四个字放进我的管理往事里，越品越觉得有味道。

放权，有两种放法。第一种，所有权与经营权分离，按股权比例成立真正意义的董事会、监事会并行使职能，将经营权交给专业的团队。第二种，是所有权与经营权混合，在现有人员的基础上，在严密制度体系内授权给专业的人去经营，实行量化目标责任制、权力与责任对等。通俗地说，就是给人家派多少工就给多大的权，而且必须是真给，中间不插杠子地给。

分钱，一般也有两种分法。第一种，是指在人才方面敢于投入成本，按照市场价格，人家有多少本事就给多少钱，按照工作分，人家干了多少事就给多少钱，不能放空炮。第二种，把股权拿出一部分，通过期权、期股等成熟的模式，捆绑在一起，年终按照事前定好的比例大大方方、利利索索地分红。

放权，需要动用智慧；分钱，需要憋足勇气。如果这两样都做不到，不舍得权又心痛钱，我劝这样的企业不如趁早把股权变现，让别人控股，你拿钱去玩别的。今天我们看到国外一些成功的家族企业，但凡能持久站住的，早就脱胎换骨了，早就从家族的围墙里面走了出来。

对于上面说的家族企业也好、家族式的企业也好，一开始，我并不主张马上简单地去拆掉旧围墙，我主张就像很多城市改造一样，从老城区跳出来建新城，再逐步改造旧城。当然，拆除也好，改造也罢，目的就是翻越围墙，才可能超越历

史，实现新的突破。

多年前我去武汉大学，给我印象最深的是这个学校没有围墙，开放的校园造就了一流的学校。现在很多学校的围墙逐渐变得薄了、矮了、透亮了，很多城市的公园也拆掉了围墙，很多城市小区透明多了，这是个趋势，社会需要越来越多的融汇合作。

我们国家改革开放30年所做的主要工作就是不断拆除自身与外部世界的重重围墙，互联网的伟大在于一夜之间拆除了几千年间无数个围墙，想出去的出去了，想进来的进来了。我们是世界的，世界也是我们的。

○ 黎明企业观 ———————————————

成功的投资就是勇敢的放弃——功名的、感性的、高风险的诱惑——要把握什么钱可以挣，什么钱不能挣。世界上有很多可以做的事，我们想做的事业也很多，但我们能做好做精的事情却很少，所以我们做事要做自己最擅长的事，要按自己的理念去做事，把事情想好了再做，安定下来再做，不要受市场表象信号迷惑，为一时的诱惑而冲动。

○ 虽说人在江湖身不由己，但脚毕竟是长在人的身上，人总不能扛着脚丫子走路吧。

○ 江湖的山有高有低，江湖的水有深有浅，我们改变不了这些形状尺寸。上山入水还是下山出水，我们却是可以有效选择的。

文化，不要本土化

现代商业文化——公开的商业公共信息——值钱的商业
信用——本土的商业文化——值钱的人情——能够钻空
子——公开的酒桌子——说话可以不算数——没文化的文
化——空话大话和标语——商业财富可以迅速暴发——商
业文化只能慢慢吸收积累——世界的就是民族的

企业文化，让文化人说得有些玄乎、有些虚空了。其实，
企业文化就是企业的价值观，价值观就是观价值，就是怎么看
待企业里大大小小的事情，有没有价值，价值有多大多小，
有了看法就有了态度和做法，于是就有了结果——价值有大
小——这就是企业文化的生产流程。

同一个市场、同一个产品、同一个人、同一件事，角度不
同，时间不同，得出的价值结论就会不同；价值的认识不同，
行为方式取舍不同，结果肯定也就不同。从这个角度看，企业
文化无处不在，与企业整个经营活动密切相关，实实在在，一
点也不虚。

我们民族的文化太沉、太重，抵御外来文化的能力太强、太大，我们企业的文化有意无意间过多融进了传统文化的随意成分，少了许多现代商业文化的标准成分；强调本土个性，弱化了商业的共性，过多凸显了本土化的不规则部分，产生的负面作用不小。

在我看来，现代商业文化有两样很重要的东西：公开的商业公共信息和值钱的商业信用。同时，我们的本土商业文化与现代商业文化对应的也有两样东西：值钱的人情与公开的酒桌。

本土的商业文化——人情

从纸上印的文字看，从政策条文上看，我们市场的商业公共信息都是公开的。实际上，我看还是不能算是完全公开，至少公开程度还达不到商业化的最低标准。高端市场依然有形无形地控制在行政权力结构中：公开不公开、公开到什么程度、什么时间公开、对谁公开都有不确定性，都有一定的附加条件。没有真正的公开，在于没有公开完善的监督体制。在不公开的市场中，权力就显得至高无上，力大无比。这是个人人明白但无人破解的怪圈，权力控制着市场信息的公开程度，市场公开程度与权力大小成反比，越公开的

○ **黎明企业观**

当我们借助外部潜规则时，也可能让我们获一时之便、得一时之利，但日积月累我们会懒惰地依赖在这种温床上不思创新与发展。当有一天，这个温床不温的时候，生存的危机便随之而来。

市场，权力占比越小，越不公开的市场，权力占比就越大。如果一种力量同时双向控制开关时，其阀门的转动方向就可想而知了。

比如，买飞机票与火车票的情况就能看出信息公开与权力之间的关系。现在一般情况下，买飞机票可以不走人情线，因为全国联网，信息公开，到哪里查都是一个信息源，无非是折扣稍有不同。信息公开是因为票源相对过剩，没有控制价值，权力一般不光顾。火车票，尤其是节假日的火车票，相对票源短缺，于是就会出现短期人为的信息不公开现象，或者说不完全公开，仅仅公开的那一部分也都是过剩票源，紧俏票源早就被人情预订走了。

滑稽的是这些不公开的信息都是以公开的方式冠冕堂皇地告知：售罄。规定提前十天买的票，即使你排队排第一名，机器上也会显示这两个字。半夜起来排队的人是按商业路线走的，走不通只好折回来走人情路线。人情是有价格的，人情增加了成本，需求方成本的增加部分正是供应者利润增加的部分，供应方就会形成一个多头交易链条。票贩子处在这个链条的末端，起早贪黑，薄利多销，既可恨也可怜。

2010年春运期间，一些火车站试行火车票购买、检票实名制，也算是制度化管理的尝试，不过这是以巨大的管理成本为代价的，无奈的成分很大。我想，过些年，若铁路更长了，火车更多了，满大街都是推销火车票的，那时火车票的信息一定

会是完全公开的。

市场经济的基础条件就是公共信息的公开，不公开就谈不上公平、公正问题。反映在企业的问题，根子却在企业之外。权力是信息的主控开关，控制信息实际上就控制了市场价格。过去的双轨制，现在虽然不太提了，但实际还潜在着多轨制，"跑部钱进"并没有成为历史，只是内容更加丰富、形式更加多样罢了。最近国家明令强制撤销全国县级单位在北京设立的驻京办，就可从另一个角度看出人情之多，国家出面整治此事，说明很多问题从下至上看得都很清楚。

因为公共信息潜伏后便被肢解为个人权力，取而代之的是弥漫在我们周围浓浓的本土气息的人情文化。人情，简单地说就是办事找熟人，没有熟人就通过熟人找熟人。找熟人就是要办事，办好事，好办事，办不好办的事。因为有缝隙，所以才能"钻空子"。久而久之，习惯成自然，自然成习惯，进而成为我们企业的商业思维、行为定势，蔓延在我们的商业活动中并得以传承。不正常的事要走关系，正常的、简单的事也要走关系。关系成为必经之地，关系打破了所有的商业规则。

一批批年轻人在学校学的是公开标准的商业规则，到了社会中

○ 黎明企业观

> 企业规模太小没有社会地位，开会不给你主席台坐，银行贷不上款，同行不敢赊欠；可怜巴巴四处求人，有一口没一口地看别人脸色吃饭；经不起大风浪，随时面临被淘汰的危险；规模小，水浅，问题一下子就显现出来，小企业犯点事一查就明，二话不说收拾你。

134

很快就被所谓的人情世故所淹没，把身上的棱棱角角都磨平了，逐渐变得"成熟"起来。如果一个社会、一个企业这种成熟度高，真不敢说就是好事，其造成的危害还不仅仅在于一次次的商业路线的堵塞，而在于对一代代商业人格的降低。年轻人会逐渐不相信并抛弃商业路线，一心只走人情路线，最后变成一个个聪聪明明滑滑溜溜察言观色的高手。商业的路线是有红绿灯、标志牌、斑马线的柏油路；人情的线路是条没深没浅、没边没沿的戈壁滩上的土路。在我看来，人情占主导正是造成商业信用缺失的本源。

本土的商业文化——酒桌

信用，也就是我们常说的说话要算话。小时候我们玩游戏，经常下赌注说"孙子说话不算话""谁要骗人谁是小狗"。孩子们都很认真，既然订立了这样一个"合同"，为了不当孙子与小狗，都会认认真真兑现自己的承诺，所以游戏玩起来有滋有味。后来长大了、成熟了，不如小时候那样讲义气、讲信用，不好玩，尽管也得一时之利。

在我们传统文化的观念里，对商业合同信用不是很讲究的，遵守的程度是跟着个人习惯和感觉走的。关键在于不遵守信用的人或企业，付出的社会经济道义成本都很低，甚至在人们说不出的概念里，不讲信用、不遵守合同约定、欠钱不还，

还是某种能耐。

我们的商业信用，也许只有可爱的酒桌文化才能把它讲得绘声绘色。盛行的酒文化比较全面浓缩了我们的"本土商业文化"特征，企业在运行中似乎永远离不开那个酒。原来是北方人因为天冷喜欢喝酒，后来南方炎热的土地上也洒满了火辣辣的烧酒。企业与酒在人们的下意识中几乎画上等号，一说你是干企业的，怎能不会喝酒？有的企业招聘行政、销售人员不得不把酒量作为重要的条件之一。

其实我自己就是一个爱喝酒、能喝酒的人。酒文化很厚、很美。酒桌上，最早是豪放、直爽、公开显示男人气的场合，后来慢慢就变味了，尤其是在商业背景下的酒桌，酒被利用了。酒桌上最有意思的现象就是可以不讲信用，说话不算话可以得到公开的原谅：喝酒的话能算话吗？酒桌子的话可以算话，也可以不算话。在酒桌上，可以说模棱两可的话，说不负责任的话，说不认账的话，说可以反悔的话，说可以赖账的话，说刺探对方的话，说真真假假、虚虚实实的话。醉人说胡话，不醉的人说醉话。

当我们绕到酒桌文化的背后，不难看出，我们对于不熟悉的商业文化有着先天的抗体，我们更留恋自己传统习惯的方式，我们还不太熟悉谈判桌，我们更习惯酒桌。在一些似是而非不守信的氛围

○ 黎明企业观 ————————————————————

企业，按我的理解就是企图实现的事业。企，是愿望；业，是过程也是目标。企，用文字的象形法去看，是描绘人用脚丫子走路的印记；用文字的会意法来领会，是说人走路时要懂得怎么"止"。这个"止"不是停止的动作，强调的是适可而止的行为理念。

里，往往都弥漫着浓浓的酒香。酒，模糊了我们的视线，打乱了企业的常规节奏。

2009年8月，全国连续发生的酒后驾车恶性事故引起公愤，网友骂声不断，中央新闻媒体口诛笔伐，以致公安部开展了严查酒后驾车的全国性专项活动。酒后驾车的人都这么多，推想一下，天天喝酒的人该又有多少。那么，天天泡在酒桌上的都是喜欢喝、情愿喝、能喝的人吗？

按文化程度讲，我们企业的很多管家都在传统文化大学校里拿到了研究生、博士生的文凭，但在商业文化这个大学校真正考试过关的却不在多数，因为他们把大量的时间都耗费在人情世故的酒桌上了。那些天我看着电视里说酒后无德这些事的时候就在想，喝点酒就胡闹的人与酒的关系并不大，因为这种人即使不喝酒也是不善于管理和控制自己的，我们一个酿造了几千年美酒的伟大的民族，把酒带进商业时代难道也就这么点出息？

没文化的文化

当现代商业文化与本土文化交锋时，"主场"的优势及胜算的概率就要大得多。人情，让我们失去原则；酒桌，让我们学会狡猾。公共信息不公开，商业信用不值钱了，人情就值钱，人情就变为了商品。很多事情在酒桌上交易，在酒杯里增

值，企业文化因而变得又轻又薄。

于是，文化被沦为企业的装饰品，像广告招贴画一样常常都被挂在最明显的墙上——"百川汇海可撼天，众志成城比金坚"，"团结拼搏，高效创收"，"团结一条心，石头变成金"，"立足新起点，开创新局面"。这些话不管是看上去还是听上去都对，属于真理类的话，用我们那个时代的语言讲，是放之四海而皆准的，什么时候都没毛病。可在我看来这些话的毛病却在背后：可有可无，模棱两可，似曾相识，人云亦云。这些还不算大毛病，大毛病在于我们很多企业把这些当做企业文化的全部且津津乐道。

在不少企业里我看到，外面立的牌子上，里面的墙上到处都写着标语口号，企业领导人的语录到处挂的都是，感觉企业文化扑面而来，看上去企业到处都充满了文化。我在国内一个著名企业里看到，车间内、机器边，本应最显眼的是操作要求及安全警示，但往往被领导人的语录、文件里的口号所占据。凑上几句顺口溜就算企业的理念，把岗位培训叫人才开发，把知识竞赛说成是文化建设，打一场球就成了落实全民运动规划，逢年过节发点东西、搞搞福利算是开展物质文明，职工联欢会列入精神文明建设工程里，尤其让

○ **黎明企业观**

随着社会的进步，我们对"大跃进"的冲动也许已感到疲惫与无聊，但好大喜功的时代惯性却还在我们的周围穿梭。我们周围常见的情况是，对没有指标控制的口号会越喊越大，对有明确指标衡量的计划会越说越小。把口号喊大是为了开始的夸大，把具体计划缩小是为了结果的夸大，总之，都是为了夸大，本意就不实在。

人啼笑皆非的是，企业职工的平均文化程度成了企业文化的重要指标。

我们的企业文化还缺乏大大方方、明明确确、实实在在的商业元素。有的人也许不屑，我们搞市场经济已经多少年了，我们很懂得商业了，不见得，我看还差得很远。商业是一种现代文明，要靠长期的积累所得。商业财富可以迅速暴发，商业文化却只能慢慢地吸收和积累。我们很多企业有些着急，商业活动是一种实实在在的经营行为，不能靠说大话过日子。从这个角度讲，就社会普遍而言，我们有商业，更有文化，但我们严重缺乏基本的商业文化。

世界的就是民族的

不同背景的文化都有自己光辉优秀的一面，否则无法存活发展。文化的原理是一样的，文化都是可以交流、交融的，我们民族的传统文化与现代商业文化并不是互相抵触的。如果说商业文化的作用是充当一部运转机器的话，那么，民族传统文化的作用就是这部机器的润滑剂，就像汽车上的机器与机油一样，都有各自的独立功效，然而整体效果却完全可以浑然一体。

我们应该伏下身子学习并接受新的商业文化的内容，就像计算机方面的知识，我总是（或者说不得不）请教年龄比我小

得多的人。这些年我们是学了不少东西，自己也创造了不少东西，但时间还是短，商业意识、商业精神、商业道德积累得还是不够。前30年，我们企业摸着石头过河，一个阶段成功了；后30年、50年、100年，我们更需要成熟商业文化的积累，才能在商海里乘船过海、架桥过海。

一般来说，文化是最讲究民族性的本土特色。有特色才有生命力，才能在世界文化的大舞台上占得一席之地。也就是人们常说的那句话：民族的就是世界的。

企业文化各有不同，但企业文化在长期的市场环境中逐步形成了相对共同的内容，企业只有按这种共同的方式行走，才能得到社会的认可，才能并入国际经济快车道。从这个角度看，企业文化更讲究共性，更应该遵守商业的规则，而不宜本土化。也就是我常说的那句话：世界的就是民族的。

○ 黎明企业观

　　组织，对于我们每个人来说是离不开的社会化功能载体，就像我们远行通常离不开的交通工具一样。如果我们的企业要远行，那么，就要建立更大更强的组织体系；如果我们个人要走长路的话，那么，我们就应该积极向组织靠拢。

140

规则，不要潜伏

小孩玩游戏大人要把戏——规则潜伏在原则上——事后
定规则——规则潜伏在办公室——随意进出——规则潜
伏在马路上——行者无疆——规则潜伏在门里门外——
可推可拉——规则在阳光下——姚明只打球不吹哨——
规则之美

小的时候，我们在小巷子里踢足球，并不知还有什么规则、界限，谁抢到球就算谁的。到了小学才知道，球场是有界限的。到了中学才知道，踢球还得有规则。到了大学才知道，规则、界限原来都是标准化的。后来到了社会之后才知道，标准化的界限也是可以改变的。再后来，到了企业这么多年才知道，社会上有很多规则是可以玩的，又可以像小时候一样，回到小巷子里，随意玩。

小孩儿玩的游戏被大人称为儿戏，大人玩的游戏被我称其为把戏。下面，我们一起去看看那些把戏吧。

141

规则潜伏在原则上

前一段电视台热播的连续剧《潜伏》，会让我们对"潜伏"二字有比较深刻、直观的印象。按我的理解，男主角余则成为了完成党的任务，表面想做的与实际要做的必须完全背离，才可能潜伏生存下去，才有可能执行后来一项项艰巨的任务。当然，电视剧《潜伏》塑造的是一个正面人物，现在我举这个例子只是为了说明"潜伏"的含义，与下面涉及到的不正面的事情无关。

在传统文化里，权力不变化等于没有权力，灵活是那些掌权者的有效借口，制度是伸缩的，规则是可改变的。在传统文化的潜意识里，规则都是由上边制定、让下边去执行的；在官大一级压死人的等级管理体系中，权限越大的人越有条件不遵守规则，正应了管理学上的一句话：唯一不变的是变化。

在现实生活中，当公开的规则潜伏失效，不公开的规则便登堂入室，我们一般习惯地将这种实际运用的规则称为"潜规则"。简单地说，潜规则的基本功能就是将很多明面禁止的东西潜伏下来，上面不做下面做，人前不做人后做，此时不做彼时做。

事前定规则还是事后解释规则，往往可以用来检验区分出明

○ 黎明企业现

我们国家改革开放30年，做的最主要一项工作就是体制改革，就是将企业从以往的行政的权力模式，改为现代的效益利润模式。换句通俗的话说，就是将企业组织结构中的主线条由一个"权"字改为一个"钱"字。

规则与潜规则、真规则与假规则。多数情况下，市场化程度高的机构惯用事先制定说明规则，垄断性比较强的部门喜欢事后制定解释规则。在很多公文里经常会看到"原则上"怎么怎么样，这三个字在打官腔的词汇里，按照使用频率排列当属第一名。"原则上"是一个模糊的概念，同一件事既可以这样做，也可以那样做，常常为政策的制定者营造自己的权力空间。

我们总习惯将搞企业做买卖的人统称为生意人，将生意人划为挣钱发财的人。生意人不见得都发财，不做商业买卖的人不见得都少钱。所有生意人的生意都要归很多公共部门去管理，这种资源作用于企业的经营之中，直接影响其投入及产出。所有的生意人都希望自己的投入成本最小化，产出利润最大化，要实现这两化，向这个公共资源要效益是必经之路和最佳选择，而这个资源往往是由那些潜在的"生意人"所掌控，于是逐步就形成了一个潜在的不露面的市场，在这个市场里运用的条例就是我们熟知的通行的"潜规则"。

仔细想想，我们生活的周围潜伏了多少规则，怪不得人人都喊累。

规则潜伏在马路间

在中国各个城市主要路口的红绿灯下、人行斑马线边，手

拿小旗、口吹哨子的交通协管员是最具中国特色的。其实，这个岗位是真正被逼出来的。

在城市马路上，交通信号灯本来是最明确、最具权威的规则公告，可是永远总有那么一些车、一些人不按指示去做。个别人抢道可能的确有急事，但不可能大部分抢道的人都有急事，其最主要的问题在于缺乏遵守公共规则的责任感和义务感，或者说根本就不存在违反公共秩序的羞辱感。在这类人看来，反正在马路上谁也不认识谁，管他呢；还有部分人认为，抢道就是占便宜了，大多数人傻等，我抢先了，我就比别人能，就比别人多得点什么。所以，在红灯面前，我们总能看到不少的"勇敢者"。面对路上那么多的车、那么多的人、那么多的违章者，警察哥哥只能去管车，协管员大叔大妈则专门负责强行拦阻那些"色盲""勇敢者"。再看看我们的交通、城管各种宣传总还离不开"不要随地吐痰""行人请走人行道""过街请走斑马线"这样一些无法淘汰的内容，也属被逼无奈之举，好在"不得随意大小便"的标语已经很少了。

在国外，有不少国家都有公开营业的赌场，我们国内大陆没有，我们是明文禁止的。对于这个问题，中国人说外国人开放，你们的赌场我们都看见了；外国人说你们比我们更开放，我们的赌场是固定的、有限的，你们的赌场是不固定的，是无限的。那么，按外国人的说法，这种赌场应该叫"潜赌场"了？可也不对，我们的赌场是潜而不藏的，已成为公开的秘密，只是谁都知道，谁都不承认罢了。其实，这本身又是一种潜规则，或者应该叫"潜规则里的公开市场"。由此可见，在我们马路周围的环境里，明处暗处潜伏的东西还真不少。

规则潜伏在办公室

比如组织会议，计划9点开会，组织者为了保证少数领导的时间，首先得牺牲多数员工的时间。给主席台上的大领导按正点通知，对下边前三排的二领导通知提前20分钟到场，对一般性外宾通知提前半小时到场，经过层层保险，对人数最多的基层员工至少通知提前一个小时到场。结果常常是领导准时到场，群众却认为你迟到了。时间长了，每个人都会认为通知的时间有水分，每个人都会按自己的经验去实际掌握时间，结果每次开会从来没有准时过。人和时间开玩笑，时间和人捉迷藏。当然了，不按时开的会，一般也不会按时结束，会议什么时间结束，全看主讲人的心情，心情好了会讲得滔滔不绝。问题在于这些不知疲倦的人一坐在主席台上就来精神，嘴一对着话筒心情就好的不得了，可苦了台下坐的人了。

我们常说的饭局、应酬、喝酒、赴宴，通常都是办公室工作事务的延续，实质性的问题也大多是在饭桌上解决的，小小的饭桌潜伏的规则可不少。简单地说吃饭的时间吧，和开会一样，除了做东的人早早到来，赴宴的人几乎没有全部按时到达，而且迟到也是有顺序的，一般是越重要的人物来得越晚，迟到的时间越长。迟来、早到已不是时间本身的问题，而是在这个场合里身份、地位的标志，这也是潜规则。

规则潜伏在门里门外

我看肯德基的门上标有"推"字的拉不动，标有"拉"字的推不动；座椅位置是固定的，角度是灵活的，但人一离开马上就自动弹回原状，这是"明规则"。

国内很多营业场所的门上也明确标有"推"和"拉"的字样。据我观察，大部分人都没太在意写的什么字，动作很随意，想推就推，想拉就拉。其中最重要的原因，也是最简单的原因在于，这个门的设置既能推得动，也能拉得动。在这种情况下，全看进出的人的理解程度及当时的顺手程度。营业场所内的椅子多数要么是固定

○ **黎明企业观**

> 我觉得仅仅是容纳对手是不够的，同时还应学会欣赏对手。学习对手好办，欣赏对手难得，双方水平对等才可能产生欣赏，一个能够欣赏对手的人，最终将会得到多数对手的欣赏。

死的，要么是左右都可以随意转动，人走了椅子的角度左中右方向都有，这是我们的"潜规则"意识。

"明规则"与"潜规则"的区别在于，前者的规范是要求所有的人必须做、不留余地；后者的要求是让一部分人去做、另一部分人可以不去做，留有很大的余地。这种余地是在制度设计中就留下的空缺，制度的空缺多了，我们便常常将后者变为一种习惯。

现在，人们开店比较时髦的是讲究开连锁店、加盟店、品牌店。很多创业者以为这件事简单，只要统一形象、统一装修、统一用语、统一配货就行了，多开几家店面就具有竞争力了，动不动还信誓旦旦地要超过，甚至打败国际对手，为民族企业争光争气，结果我们看到的是越高档的店面，中国字越少，很多名品城干脆都是外文。各大城市的闹市区、中心点大多还是被肯德基、麦当劳、必胜客所占据。仔细想想，国内有多少品牌前仆后继、死而后已，只能算个精神可嘉。

眼高手低是我们传统文化里的惯性，我们总是喜欢自由驰骋在理想、抱负、战略的空间里，常常疏于一点一滴的小事积累，更不屑于身体力行地遵守自己制定的规则。我们总是热衷于表面的热闹，不去用心研究内在的文化及实践的积累，不下背后的工夫，只注重眼前表面的利益。企业的灵活与规范往往被搞得似是而非，规范就是刻板低效，灵活就是随心所欲。我们与人家的差距，表面上看是在门的推拉、椅子的左右上，实

际上差距早就存在于门和椅子的设计以及实施的制度保障上了。

希望的规则在阳光下

我们的企业文化建立在农业文化的土壤里，农业文化的特征就是在无边无界的希望的田野上，以人的体力劳动为主，习惯随人随性，松松散散。与西方发达国家相比，中国不缺历史，更不缺文化与智慧，缺的是穿梭在历史隧道里的规则。"神舟七号"漫游太空，我们无不为中国人的大智大勇骄傲自豪，几千年的文明历史，如果再加上完善的社会法制、行业规则，我们的民族会跑得更快些。

我们每个人都不缺文化，都有自己的价值观，但我们缺乏共同的、遵守规则的价值观。不会不要紧，我们可以学，可以一点一点地去学，最可怕的是我们不在意，压根就没把这些当回事。不专业是因为不专心，不专心是因为不用心，不用心是因为吃的苦头还不够，交的学费还不多。中国不缺好车及优秀的驾驶员，最缺的是完整的共同的行车规则。

2008年的北京奥运会，使越来越多的普通人都加入到体育欣赏

○ 黎明企业观

组织的效能在于使所有的事情都由组织进行结构，在这个管理的体系内，不是人管人，而是事管事，机构管机构，制度管制度，职责管职责，岗位管岗位，规则管规则，利益驱动利益这种自我完善、相互制约促进的封闭循环的自动传递系统。

的队伍中。体育之美得益于规则之美。美国的NBA在我看来是当今世界最好看的体育比赛，通过一整套成熟的商业模式将地球上最好的教练、球员集中到一起，上演一出出惊心动魄、眼花缭乱的竞技大戏。这个成熟的商业模式的核心是一整套球场内外的规则，运动员要遵守规则，大牌球星要遵守规则，教练员也要遵守规则——你若大喊大叫影响了公众的秩序，裁判员就有权力把你罚出场外。场上打球要有规则，场下转会也不是说走就走、说来就来，都有一整套严密科学合理的规则。什么黑哨、赌球在这套规则里很难生成与生存。结果是，我们看到比赛很激烈，但发生剧烈冲突的并不多，相比足球其规则更严密、更严谨、更能激发运动场上合理的竞技潜能。NBA展现给我们那么多的是力量之美、技术之美、精神之美、生命之美，所有所有这些，在我看来都首先源于规则之美。

我们是做企业的，我们的钱是有限的，我们的钱是有主的，是挣来的，是股东投来的，是银行借来的，是有成本的，是要还的，不是财政拨来的，不是白用的，我们的生存与发展的环境客观上要求管理必须是简单、务实、有效的。在很多时候，我们不得不按人家规定的潜规则去行事，但我们在内部、在可控的范围内，规则必须要明确，而且一定要在事前。对于中小企业来说，无论是玩游戏还是要把戏，无论是好玩还是不好玩，我们都是玩耍不起的。在企业里，所有的事情都需要明确，点对点，直来直去。

可是，面对外部大量的潜规则，总是让你不得不云中踩雾，绕来绕去。当我们借助和利用外部潜规则时，也可能让我们获一时之便、得一时之利，但日积月累我们会懒惰地依赖在这种温床上不思创新与发展。当有一天这个温床不温的时候，生存的危机便随之而来。

我们喜欢的姚明，脖子上挂个裁判的哨子，在赛场上拿到球就投篮，拿不到球就吹哨——假如是这样——对观众来说一点也不可笑，可是对体育、对NBA、对姚明来说却是一件非常可怕的事情。

追求阳光下的规则，短期内是要舍弃很多利益的，但长期下去会使我们的企业更健康，更能适应变化的四季，从而有机会成长壮大。这些年，看看我们眼前有许许多多成功并有成长性的企业，至少在内部都有相对公开的管理规则。当他们在越来越多的阳光下沐浴，成长速度也越来越快，越来越强壮。这是因为他们有规则、守规则，以至于他们已经开始影响规则、改良规则，最后达到制定市场规则的程度。

潜规则，不好玩；制定规则，才过瘾！

○ 黎明企业观 ────────────────────────

不管怎么说，企业是以效益为目标的，企业的"政权"设置就是为了挣钱，企业不挣钱就维持不了自己的"政权"，面对客户、债主，没钱就关门，这是谁也改变不了的现实。

投医，不要挂错号

企业容易生病——病了不要乱投医——要提防游医——
唾沫淹死病人——给死人开处方——建立企业专业的医
院——找能治病的大夫——找中医——预防病——找最
好的医生——自己

我们的企业和人一样，免不了生老病死。企业容易得病，尤其是中小企业本来就是无计划生育的产儿，先天就不足。现在注册一个公司很方便，只要把该填的表格填了，该缴的费缴了，就能办一个公司。不好办的委托专门代理注册的公司办，有政策障碍的花钱托关系办。国家的政策越来越宽，一人公司、一元公司都可以办，企业出生很容易。企业没娘生，也就没娘管。企业小的时候没人搭理你，野生放养，原始放牧，先天营养不良，体弱多病是必然的，活了就活，死了就死了，有点像旧社会生孩子一样，出生率和死亡率都太高。

企业和人不一样，生病没有专门的医院可去，也没有专业的医生可找。企业一生病便手忙脚乱地不知该找谁看病，有病乱投医。于是，为企业治病的游医便应运而生。

这些年，我比较深刻的体会是，企业得了病不可怕，可怕的是挂错号，被不治病的那些游医给耽误了，最后小病成大病，大病成绝症。

提防给死人开药方的游医

这些游医没有从业资格标准，既没有医师资格证，也没有人承认他就是医生，而是想当就当，尤其喜欢给别人看病，想怎么开药就怎么开。既然大家都不是专业的，那么，不专业就是这些游医的基本专业特长。他们有三项基本功是专业医生望尘莫及的：首先把病人骂成死人，其次通过悼词提升自己，最后在死亡通知书上开处方——十全大补丸。这个产业链比较长、比较完整、比较专业、比较商业。

所有的游医看见病人就兴奋，先不问病情，而是使劲问你为什

○ 黎明企业观

很多公司后来发展大了，成立了集团公司。集团，就是集中起来，团结起来，将组织的网进一步扩展。集团公司正是基于这种组织结构安排的原理，将分散的小组织体系合并成一个大的组织体系，将分散在各公司的各类人才、资金、资源网络在一个更大的平台上，集聚更多的力量，去干比以前更大的事业。

152

么生病，然后开始骂这个万恶的病。骂万恶的病是为了给自己热身，是为了后面更痛快地骂万恶的病人，可自始至终就是不治病。这样的医生，我见过不少，只要干过企业的人一般都熟悉。他们对趴下的企业横眉冷对千夫指，痛斥你千不对万不是，唾沫星子都能把病人给淹了。千手指万口骂，人人都是医生，个个都是教授，仿佛诸葛亮同时在每个人身上转世显灵。在这些游医中，谁骂得早、谁骂得多、谁骂得狠，谁就成了领袖人物，以后谁的话就值钱，出的书卖得就快。

这些高明的游医们，一般在你有病的时候不看病，他要等你病入膏肓的时候，百分之百正确地诊断病情：该死啦！然后兴奋地告诉同行，我早就说了，迟早要死的嘛，看，果不然，快死了吧？！然后热烈地期待着你的追悼会及早到来。当然了，该死的活不了，一般情况下，追悼会如期而至。

这种追悼会有些特别，一般不放哀乐，而是放我们小时候的革命歌曲，很激昂。参加的人都是些"医生"，沾边的不沾边的，但凡听说了都从四面八方游过来。致悼词的"医生"很多，轮番上场，个个语调慷慨激昂。悼词的篇幅很长，悼词的内容包括从你生一直到你死，头头是道，事实证据确凿，科学论证你是如何从生到死的，说的一点都不会错。最后大家很快忘记了死者，倒是记住了致悼词的这些"医生"，随后从这批"医生"中诞生出几个明星，明星们迅速再把悼词印成书，然后再把书的内容放进电脑花花稍稍PPT的页面上，到

处"赶场子"。

对倒下的企业动刀子已形成了一支队伍、一种职业、一个行业。这个行当显著的特征是只说不干，因为不干所以没错，所以说的都对，说的都很英明。你从来只说不干，你怎么能有错，想说你不英明本身就不是英明之举。于是就出现了以给企业开死亡诊断为职业的一群人，一群专门吃死人饭的人。他们总是拿着手术刀，津津有味地解剖着尸体，给死人写一大本验尸报告，同时还给死人开上一大堆处方药，死人的家属还得掏高价把药买回去，而且还不给开发票。

建立企业专业医院

企业的专业医院，是我想到的概念，是我在这些年的反思中想到的。平时企业得的无非就是肠炎感冒这些常见病，但常见病不及时防治就会朝着所有可能的方向发展。想一想，如果我们很多企业在起初生小病的时候就有专业的医院看病，不至于后来得重病、得要命的病，以至于我们国家企业的平均寿命才是三年左右的时间。

过去，中国的商业历史太短，没有积累沉淀，企业也没有防病

○ 黎明企业观

> 企业就应该将自己的"利"字当头，企业所有的原始动力源自一个"利"字，企业所有的归宿都会走向一个"利"字，"利"是企业的灵魂。所有的企业都应按利益原则去设置，都应为实现利益而行为，都应为获取利益为目的。

治病的意识和条件，许多优秀的企业管家不乏理论与思考的深度，但往往被风风火火的生意所分散，而院校里的专家教授们对企业的了解深度不够。企业管家的理论与理论家的实践结合的各种形式都有，但都做得不到位，不够味，多是蜻蜓点水，意思意思罢了，因而没有形成一套完整的企业医疗方面的研究及应用体系。

我感觉现在是时候了，我们走过了改革开放的30年，对于这一时期的企业管家来说，风风雨雨，成成败败，既是历史也是现实，用一段专门的时间去思考消化，建立专门的思想体系，建立专门为企业看病的医院，培养专业的医生是可行的。现在是时候了，市场有需求了，我们很多企业的管家不得不承认企业是会得病的，得病是需要去医院找医生，他们不像原先那么固执。

让我们看到希望的是，有的学者对改革开放30年间企业败局作了深度解析，随后又对中国企业30年及之前的百年历史作了系统回顾，面之全、度之高实属少数的难能可贵。很多政治家、哲学家、经济学家等各类专家、学者都对企业发展进行着有益的关怀指导，同时对存在的问题提出中肯的意见，让我们看到学术界对企业的密切关注与真诚关爱，这应该是我们未来企业医院建设的基础。

要建立企业专业的医院，就得找专业的医生。与企业经营管理相关的专业太多了，从理论上讲可以说是无所不包，但客

观上又不可能有无所不能之人。从我的实践感受来说，先不管未来企业专业医院里的专业医生需要多少专业知识，但基本的资格至少应该具备 "四过" 的条件：在企业里干过，成功过，失败过，思考过。

在企业干过。给企业当医生的必要条件是曾经在企业实打实地干过，一般至少应该有十年以上的管理企业的经验。这个条件在我看来很重要，也许有人会说，给人治病的医生并不见得都得过病。这个道理是对的，但医生的经验来自于成熟的医学理论、医学实践，而目前我们的企业不成熟、不定型，我们是摸着石头过河的，初期的实践经验可能是最有效的。

成功过、失败过，这两个条件是条连裆裤，这是企业管家的必修课。如果这两门课自己都不合格，毕不了业，怎么给别人当大夫？现实中我们看到多数情况是二缺一，成功的企业管家往往被视为华佗显灵而门庭若市，无暇顾及；失败的企业管家在社会的大众眼光里本身就是一个病人，不会给你看病的机会。要我说，单方面看，没有一个是合格的医生，成功者飘飘然，头太轻，失败者昏昏然，手无力。只有成功与失败有机组合才可能搭建更高的视觉平

○ **黎明企业观**

我们最熟悉的用手机打电话，往往被看做是两个手机点对点的行为，实际上其首先是一种组织行为。因为个人的手机信号必须要进入一个组织体系（移动公司的机房），经过接收、识别、分配等多种工序再发射到另一个点上，表面上看是个体行为，在内部运转则属于组织系统行为，只是这种组织运转速度很快，我们没有感觉到罢了。

台，才能站在两者之上，才可能进一步去诊病、治病。

思考过，这是最后一个条件，也是最重要的条件。在企业里摸爬滚打成成败败的人很多，有的人把成功顶在头上放不下，有的人将失败拴在脚脖子上，走不开。总之，都是包袱。只有思考，系统的思考、深入的思考、长期的思考，才可能思辨，取其精华，舍弃糟粕，进而思变，产生积极进取的对社会、对企业有效率、有价值的思想。成熟的思想才能不惑，自己不惑才可能去拨开别人眼前的迷雾，才有资格去做企业的医生。

现在主动上门要求给企业看病的医生不少，我们企业在作判断的时候有必要拿这些条件作些比较，如果一点都不沾边的，我劝大家都不要浪费精力与财力。

最好找中医

人们对于中医一直误解很深。一提中医就与郎中、江湖联系起来，在多数人的印象里，中医只是局限在代代相传的经验里。自从引进并接受西医以后，在不同时代都有否定中医的明潮暗流。中医，其实早就跨越了医学的领域，成为中华文明有机的组成部分了。其中，让我最欣赏的是中医对于疾病的预测和预防方面。中医强调的是病前预测，西医注重的是病后治疗。一个侧重事前，一个侧重事后，从这个角度看，中

医、西医方向不一样，目标却都是一致的。由此看来，中西医结合将是未来医学发展的大势所趋。

现在到医院看病，即使是著名专家，也得先简单问问情况，判断一下大体方向，然后开一堆仪器检查的项目，所谓看病就是查病。今后，对一个优秀的医生而言，诊断病情已经不重要了，这项工作越来越多地会被现代科学仪器所代替。在科学技术越来越发达的今天及未来，在诊病治病方面，人们会越来越依赖医疗仪器，大夫的医学知识会被这些家伙所蚕食。也就是说，面对已经生出来的病，机器的判断功能会越来越强大，医生的会诊功能会越来越减弱。

那么，今后是不是就不需要医生了呢？我的结论恰恰相反，以后还将特别需要医生，只是医生的工作职能要做大的调整，工作重点在于预测、预防。与最近中医倡导的"治未病"原理一脉相承，我想今后医生业务水平高低的区分重在预测能力方面，对可能产生何种疾病趋势的判断将是衡量医生水平的重要标志。在将来的医院里，诊病治病都交给实习生了，主治大夫、专家主要的工作在于提前诊断，预警预防，让治疗从无病阶段开始，企业最需要的是这样

○ 黎明企业现 ————————————————————

> 伟大的互联网，将一个圆形的世界变成一个地球村，大家不得不承认地球是平的，我们的工作生活越来越依赖这个网以及由这个网而产生的无数个网络。网络，就是将需要的和愿意的东西结构在一起的组织形式。由此看来，生活在现代社会里，没有人愿意离开这个组织，也没有人能够离开这个组织，企业也不例外。

的医生。

　　企业最需要医生提前能看到死亡之前的绝症，绝症之前的大病，大病之前的小病，并对小病采取及时的调整治疗。也就是说，企业最希望医生在病可治的时间来治病，而不希望无药可救的时候来看病，更不稀罕临终那些生硬的关怀。可现实中我们看到更多的情况是，对正在行进中的企业，正在走向成功，正在面临风险，正在小病不断、大病还没得的企业却很少受到社会的关注。

　　结果都是突然的，过程却是长期的、潜在的，大病是由小病积累的。对同一场风雨，天气预报和新闻报道的区别不仅在于时间的前和后，还在于时效的大和小。企业需要的是理性的事前预测，不需要激情的事后报道；企业最需要风雨到来之前提前的告知，根本不需要被风雨吹垮后的事故报道。而我们企业周围的天气预报员太少，时事评论员太多。

　　有些杂志以深度解剖病危企业而著名，也就是说，哪个企业只要上了贵杂志，一般十有八九不出半年准完蛋。理性地看，写的那些东西都没错，有深度也有高度，并起到了舆论监督和警示作用。但有一点是可以看出来的，这些作者、编辑们关注的重点是企业错在哪里，并不在意企业难在哪里。文章写、编、发的利益驱动力在于发行量，并不在乎企业的感受，也许企业最后的一点自救机会恰恰是被编辑、主编们剥夺的。

　　我觉得包括一些"大家"也应多从社会责任的角度考虑，

能否将你事后的"炮弹"变为事前苦药？所有的企业生病犯错误都有其内在的原因和不可推脱的责任，但同时都有不得已之处，都有难言之隐。在病人生病的时候，如果暂时开不出良药去医治，至少可以少泼一盆冷水、少骂几句，给他们一些可能的自我调节的时间，企业自愈的机会或许会大些。

把坐在主席台上的企业管家说得太好，把蹲在监狱里的企业管家说得太坏，弄得"好企业家"太累，"坏企业家"太亏。主席台上的企业管家天天听的都是赞扬之词，少你这一句不在意，多你这一句也许还是个负担，起不到锦上添花的作用。对蹲在监狱里的企业管家，若说他的不是，没有比判决书说得全面，你若再多说他几句，于事无补，一是他很难听得到，二是法院也没法加刑。如果以后有机会他问到你的脸上：我还没进来的时候你怎么不说呢？多尴尬。

找最好的医生

按照中医的说法，企业不要怕生病。生病本身就是一种排毒过程，不经过昼夜就没有完整的一天，不经历春夏秋冬就没有完整的一年，不尝遍酸甜苦辣就不知生活的真滋味。不经历大喜、大苦、

○ 黎明企业观

人求欲，企业求利，搞清楚这两点，企业就搞清楚了自己应该干什么。企业的管理目标原来是如此简单：让企业里的人在规定的范围内最大限度地满足个人最大的欲，从而去争取实现企业最大的利，最后自然就实现了社会最大的益。

大悲、大壮，就成就不了精彩的企业管家人生，就创造不出可能的远大的优秀的企业。当我们处在生病时期，要把它当做是事业成就的最后一个步骤、发毕业证的前几天，最后一道坎跨过去了就毕业了。

按大家常说的，人，最大的敌人是自己。这句话是共识，说的人太多。说的多了慢慢就滥了、就轻了、就浮了。我想说的是，别忘了，人，最好的朋友更是自己。人在最危机、最无助的时候，谁也帮不了你，只有一个人能帮你、救你，这个人就是你自己。你无视你自己这个"她"，"她"就不理你；你把"她"当做一般朋友，"她"只是礼节性地看望你一下；你把"她"当知己，"她"就和你推心置腹；你把"她"当生死之交，"她"就会为你奋不顾身，带你冲出重围。

按佛家的话说，求别人不如求自己——最好的医生永远是自己。

失败，不要"一棍子"

失败的算术——秋后不算总账——10-1＝0——不如小学生——错题的演算——抬上去——推下来——错题的代价——"十分"问题——改正错题——败而不倒——成功加失败——完整真实的企业

　　成成败败，本是企业的常态，是企业管家的必经之事，是企业管家的必修之课。成功就是较少的失败，失败就是较少的成功。成与败只是相对一个时点而言，成功里隐藏着失败的风险，失败正孕育着成功的希望；成功都是从失败的谷底慢慢爬上去的，失败都是从成功的高峰上猛地掉下来的。没有永远的成功，也没有绝对的失败。

　　这些话都是最通俗的道理，可以说是人人皆知。将这些话放到一起说，显得有些说教的枯燥，本不是我说话的风格，但面对这样

○ 黎明企业观 ────────────────────────────

　　钱转化成权，是个累人的事；权转化成钱，是个废人的事。

一个题目，感觉不由自主地重复说了一大堆大家都知道的道理。因为，我看到不少企业管家处在失败的时段里时，这些道理其实早就没道理了。

失败的算术：10-1=0

俗话说，秋后算总账。除了情绪上的不平衡外，我看道理还是对的。算算总账，是赔是赚，是对是错，错在哪里，错有几分，这应该是常理。不过我看到许多企业管家秋后的收场还有些不合常规，主要的问题是人家秋后不给你算总账，而是算单账，单算账。这话怎么讲？下面我们做一遍这道小学数学题就明白了。

我们小学学的数学，现在早就下放到幼儿园了，一般学龄前的小朋友都能算一些简单的加减法，比如10-1=9或9+1=10的算术，小孩子们张口就来。但到了企业，到了和企业管家算账时，对于这个算数题大人算的就不如孩子准确了，尤其是跟有点风险、出点问题的企业管家算账的时候，往往简单的问题被弄得很复杂，正常的事情弄得很奇怪。

在我们的社会文化课本里是这样算账的，企业成功的时候，企业管家的成绩单是9+1≥10，甚至大到100也有可能。按说同理应该是10-1=9，但到了企业家失败的时候，这个算式就变成了10-1=0。这种算法让幼儿园的孩子们看了会笑话

的，但许多企业管家面对这样一个算式却笑不起来，说起来很滑稽，承担起来很沉重。

在企业里，在漫长的企业发展历史中，企业管家辛辛苦苦九件事情成功了，是企业的、集体的，也是自己的；一件事失败了，不是企业的，不是集体的，完全是企业管家本人自己的，10−1=0或者说是9+1=0。当企业管家的得分为零的时候，企业管家积累的九也跟着归零。意思是说，你手上有十块钱，你因为丢了一块钱，所以，那剩下的九块钱也得把它作废掉。

看来，孩子们算不了大人的账，大人也算不了小孩的账。

错题的演算

在传统文化的概念里，虽说旧社会排序七娼八商有些极端，但商人一直被排在靠后的位置却是几千年的事实。新中国搞了那么多的政治运动，不入流的商人总算排位靠前了一些，但那是作为运动的对象。改革开放30年，商人，很多被尊为企业家，在整个社会

○ 黎明企业观 ──────────────────

企业管家们就应该大大方方地回到追求利益的本质上去，将思想从"公"字的束缚里走出来，将"利"字解脱出来，以自我的"利"字为出发点和终结点，去简化程序，去提升思想，去解释每个人的行为方式，去实实在在、踏踏实实设计企业每一个生产步骤、每一项管理流程。

序列里算是入流了，但只是名声比以前响亮一些，实际上还不能算是入了主流。由于不在主流，很多事又需要通过主流渠道来推动，因此，企业管家们常常需要费很大的劲走些旁门左道去争取挤进主流，以此来提高自己的社会地位。

地位决定待遇，地位不高，待遇也不会高到哪里去。社会给企业管家的待遇分为成功者的正面待遇和失败者的反面待遇两种。实际的情况是，对成功者的正面待遇往往超出实际的贡献，因为闪光灯、鲜花、掌声、奖章这些东西都是以发散式的形式出现，造成舞台效果的五彩虚光；与此相反，对失败者的反面待遇往往比实际的情况低得多。道理很简单，成功者的虚高将待遇指标早就用完了，于是就出现上面9+1≥10和10-1=0的结果。

成功，成为企业管家唯一的标志；成功，成为社会的特别通行证。所以，人人追逐成功是必然的，同时多数人追求表面的成功也成为必然。

企业管家在成功之前，想让人知道你都难；企业管家成功了，想躲开人也难。成功做大了、能掏出钱来了、有利可图了，自然就有人上门给你编辑很多成功的经验。按照对成功者的逻辑推理，成功者就是英雄，英雄就得有传奇，没有传奇的英雄是不可信的英雄。可是在和平年代的正常工作、普通生活，哪有那么多的传奇故事？没关系，有人，有那么一批人就是专门制造传奇的，需要什么故事就编什么故事，用得上什么

传奇就造什么传奇。传奇中至少要有几个非同一般的、几乎不是正常人的动人的故事，最后缩写为哲理十足的顺口溜、成功口诀，像小孩子背乘法口诀式的到处朗诵。这些故事先把你吹红，再把你吹晕，最后把你吹紫，接下来，不用吹，颜色自然变黑，味道迅速变臭，这些过程后的结果，扳着脚趾头你都能想到。

这些成功者明知道醉翁之意不在酒，但好听的话还是容易记住，容易上瘾飘飘然。这个时候，上级业务主管是娘家，上级行政领导是婆家，对口业务部门是亲戚，同行是朋友。成功的企业管家被社会放大了，被利益相关者放大了，被媒体放大了，被自身放大了，自己想回原位都难。

被放大的成功者，体重迅猛增加，想继续沿着成功的道路走下去，难了；放大后的成功比例失调，遭遇失败，容易了。也就是说，成功者走到了这一步，再往下走，失败的概率会不断加大。其实，这个时候已经开始用成功的因去积攒失败的果，失败，已经开始孕育了。当失败不可避免地来临时，成功者按照前面的算数，一下就归零了。由此看来，成功都是自己慢慢爬上来的，失败却是被

○ **黎明企业观**

常听人说吃饱了撑得慌，我看，撑得慌不见得都是吃饱的。事没做大先别把话说得那么大，先看看自己的企业该缴的税缴齐了没有，付银行的利息是否准时，职工的工资福利按时发了没有，好好研究企业内部的事情，发展、壮大、挣钱、缴税、回报股东、善待职工，这才是企业正道。国家的事有那么人专门管，别操心人家，先把自己企业里的事做好。其实，每个企业只要履行了社会规定的责任，同时也就完成了自己的社会责任。企业干好自己的事情，就是对社会极大地负责任。

别人一下子推下去的。

||||| 错题的代价

在足球决赛加时赛中，有个"中途死亡"的规则，即一方进球全场当即结束，进球方胜利，对方"中途死亡"失败。猛看上去与"十减一"是一回事，但实际上差距大了，两者最本质的差别在于游戏规则的运用上。"中途死亡法"是规则在事先，而"十减一"是规则在事后。规则在先，尽管残酷，但它是现代的方式，理性的思维，法制的框架；规则在后，看上去理由头头是道，但它是传统的方式，感性的思维，人治的框架。

赶上成功多人分享，遇上风险一个人全担，多数情况下都属事后规则。这可能不是对企业管家的独有规则，但不知为什么运用到企业管家身上时显得特别苛刻，周围的宽容度极低。这样的结果无论是对"一"还是对"九"造成的伤害都是极大的。

对于失败的当事者来说，很多情况下，其实当初问题并没有那么严重。如果说有了一点问题就说一点问题、处理一点问题，用孩子们10-1=9的算法，那么，失败者仍然还有"九"在。人在，机会就在。让当事人去解决问题，解决问题的空间就大，大问题就可能变成小问题，小问题就有可能解决到没问题的程度。但10-1=0让我们看到最后的结局，多数情况是车毁

人亡，令人痛惜。这个算式，将会带来"十分"的问题。

先看"一分"问题。当出现一点问题的时候，按说及时纠正刹车不算什么大问题，但既然十减一等于零，十减二、减九都等于零，那么，有了"一"就不怕有二、有三、有十。在成本固定之后，自然就要追求利益的最大化。利益越大，问题发生后处理起来就更复杂，发生改变的概率就大；利益越大，金钱越多，周转的余地就越大，受到的保护可能就更大。湿多湿少都一样，湿一点等于湿一片，湿一片等于全湿。所以，湿一点就不怕湿一片，也不怕多湿、全湿，致使到后来正所谓"一发而不可收拾"。 在这样的魔圈里，无论对个人、对企业、对社会来说受到的都是长痛。现在，我们经常在媒体上看到的经济类案件动不动就是上千万、上亿的数额，几百万的案子都没人把它当新闻了。这个题算错了，当然是得零分。要照我说，还应该给加些负分，因为起的作用是负的。由此看来，这个"一分"问题带来的是十分以上的问题后果。

再看另外"九分"的问题。当10−1＝0这个算式成立的时候，很显然，这个时候"一"已经大于"九"了，因为"一"可以否定

○ **黎明企业观**

"见利忘义"，这个话大家都比较熟悉了。在人们的潜意识里，这个句子好像是个因果关系，因为"见利"所以"忘义"。传统文化里，义就是正义，仗义；利就是自私，损人利己。义，可以大张旗鼓地张扬；利，只能像鬼子一样悄悄地进村。企业管家们为了证明自己没有"见利忘义"，总是刻意表现出大公无私、"重义轻利"的一面，弄得很多企业管家常常像个演员在演戏，似是而非的。

"九"。既然"一"的实际价值大，那么其他人为了保障不发生"一"，自然就以牺牲当前的"九"以及今后的"九"为代价。已经得到"九"的人，为保住自己当前的战果，万无一失，宁愿失去九个机会成为保守派，严防死守。考虑问题不从效益、效率出发，而是只以个人责任大小为标准，哪怕为自己少一分可能的责任，去牺牲现实的集体的九分利益也在所不惜。原来，扯皮推诿、低效浪费、官僚化、机关化的老祖宗就在这里。

小企业在初期以效益为目标，考虑问题以是否有效为原则；企业大了，人多了，时间长了，出的问题多了，追究和处理问题也多了，从经验教训里人们慢慢以不出问题，尤其是个人不出问题为衡量事情的标准。为保险起见，每个岗位、每个人都为自己设置了一道道安全防护网，又厚又重，效率自然下来，官僚主义顺风而来。官僚主义不只在官府，企业的官僚主义往往杀伤力更直接。由此可以看出，"九分"问题所承载的远远在九倍以上的分量。由此可以得出结论，10-1这个题算错了，从企业管家个人角度来看，是得了个零分，从社会总体资源来看，得到的肯定将是负分。

错题的改法

上小学的时候，我就听过"失败是成功之母"这句话，现

在想来还是哲理十足。写到这里，我顺着这句话的思路去想，失败也是成功之子。无论是把失败当做是成功的父母也好、儿女也罢，这里面谈不上什么哲理的东西，只是想说明，成功和失败本是一家子，失败就是成功生下来的，谁也掰不开谁。有的成功在开始的时候就埋下失败的种子，有的失败了却早早就植入了成功的希望。

从事物的一般规律看，干企业百分之百的正确率是不存在的。"神舟七号"够神的吧，尽管我们普通人看上去是那么精确，但对专业人员，谁也不敢说百分之百吧，我记得当时电视直播时，宇航员出舱时把手就出现小毛病，延误了一点时间，但丝毫不影响其开辟伟大历史的壮举。既然事物的本身规律不存在百分之百，现实中又按百分之百的完美标准去要求，那么企业管家个人的命运就成为必然，"万无一失"实际上只是个神话。

从当前企业处于不完善的大环境看，企业只能在河边走，所以不可能不湿鞋。失败是相对的，只代表一个特定的时期。从严格意义上讲，企业没有成功，也就不存在失败，成功与失败只代表企业发展阶段性的顺利与挫折的不同方面。没有上就没有下，

○ **黎明企业观** ──────────────────────

> 在我们现实生活中有很多文明场所服务管理的设置上，都是建立在人是完全自私自利这种无情的假设之上的。超市是把每个人都按小偷假设进行各种设防的，结果绝大部分人没有成为小偷；高速公路是把每个司机都当成违规者来设防的，结果绝大部分司机都自觉遵守行车规则，或者说他不能不遵守；机场安检是把每个乘客都当成恐怖分子来进行检查的，结果是保证了绝大多数人的安全。

没有起就没有伏。

从上面所说的角度来看，我觉得无论是社会、企业、自己都应善待正常的失败。社会应该给企业管家一个适宜的生存生长环境。干企业有成就有败，平静地看待，企业成成败败是常事也是常识，不要太在意，更不要大惊小怪。不要让成功者的尾巴撅到天上，也不要把失败者的头埋到土堆里。人成长的基本规律就是在不断的失败中学习，上什么学都要缴学费，上社会这个大学更应缴学费。我们对学习不好、不努力的学生，一般都采取帮助、教育、批评、处分的方式，极个别的才退学，一棍子打死轻易不可取。

"一"是社会资源，"一"是"九"的积累，从稀缺性上讲，还是宝贵的资源。失败，对个人、企业、社会都会构成不同程度的伤害，但失败也是个人、企业、社会的镜子，这面镜子是投入之后的产出，作为资源理应保护，或者至少应该废物利用。

我们的企业管家也是人，是人就要不断学习，学习就要缴学费。社会能容得下企业管家曾经的九分成绩，就要同时接纳一分的失败。一般商场超市的商品都有一个允许范围内的破损率，部队搞演习也规定有正常的伤亡率，银行的不良资产只要控制在一个范围内就视为正常，这些都是实践给我们的理性启示。

败而不倒

当我们的企业管家暂时失败身处逆境、困境的时候，可能得不到理解与善待，但至少我们自己应该做到善待自己的过失与失败。当我们失败后，第一件事就是要认这个失败的结果，不能将情绪纠缠在其中，恩恩怨怨一大堆。认了就过了，过了就放下了，腾出手去开始新的创业。第二，要找出失败的原因，直接的间接的运气的各方面都要找，把失败评估量化一下。人不怕败，怕的是不知道败在哪里，从而一败再败。认清了失败也就收获了成功的方法。第三，设计下一步，重要的是不要对已经失败的东西耿耿于怀而恋恋不舍。一般的情况下，失败总有内在的必然的因素，这些因素有的我们看到，有的我们暂时看不到，有的可能有生之年根本就看不到，比如说运气。有那么多看不到的、实践又证明是做不成的事情，这个时候就不能一根筋绷到底，不撞南墙不死心。否则，就相当于你是在和你看不见的、暗中的对手作战，胜算的把握不大。所以，我劝再创业者至少不要马上重操旧业，世界之大，山不转水转，何苦呢。

改一个错就少一个错，走出一个失败就多一个成功的机会。应该允许企业管家做减法，按照小学的算式做减法。10−1=9，多数的

○ 黎明企业观

所有的人本性都是自私的，并不存在一部分大公无私的人，也不存在另一部分大私无公的人，人的先天本能本无好坏优劣之分。

成功加少数的失败。那样，我们才能算出一个个真实的企业、完整的企业。风雨之后的幼芽大部分活着，继而，多数生长，多数长大，企业优秀的概率才会大，未来我们的企业才可能从优秀到卓越，直至基业长青。

机会，不要取巧

机会很多——税收的多与少——法院的轻与重——银行的缓与急——媒体的来与去——机会主义——办事找熟人——计算机会——投机的成本大——正道的机会多

我们的企业生活在这个社会里，在这个社会中求生存，很多场合、很多部门对我们有很大的约束力，同时也给了我们很多发展的条件和机会。

能给我们机会的都是和我们关系近的，能管住、能影响我们的那些机构。到哪儿缴税是规定好的，缴多少好像是规定好的，好像又没有规定好，这里面有机会。企业就像人一样，可以硬挺着一辈

○ **黎明企业观** ─────────────────────────

企业只有按共同的方式行走，才能得到多数的认可，才能融入国际经济大舞台。从这个角度看，企业文化更讲究共性，更遵守商业的规则，不宜本土化。也就是我常说的那句话：世界的就是民族的。

子不去医院，谁敢打保票永远不进法院呢？作为被告判罚得轻与重，作为原告执行得快与慢，都在人掌握，存在机会。生意急需钱，银行贷款快一点慢一点，机不可失，失不再来。现代媒体之光普照大地，何时来何时去，对企业的影响重大，一竿子可以把你撬到天上，一砖可以拍你倒地。官场更不用说了，深一脚浅一脚的机会差别就大了。

这样就给了我们企业很多所谓的花小钱办大事的机会和条件，就像前一段有个国产电视剧名字一样，《靠近你，温暖我》。于是，我们有的企业管家逐步在这方面花上大量的精力，常常得意自己对于机会的取巧，尝到了一些甜头，反而不务正业，天天掉进这些吃吃喝喝、拉拉扯扯的事儿堆上，的确也办了不少有形有利的事情，但到最后算算总账，划算吗？

去年全球金融危机，大家互相鼓劲说，危机带来危险，同时也带来机会。这个话我在这里倒过来说：机会，带来机会的同时也会带来危险。

▄▂ 税务的多与少

按照一般的社会礼仪，个人收入作为隐私，不宜互相打问。而企业的收入所得要向国家纳税，应该是公开项目，不该作为隐私不报。可汉字丰富，不该并不代表不能，公开的项目里照样可以藏着隐私的部分。

对企业来说，所得多少就得按税率缴多少。多得多缴，反过来说，少得就可以少缴。问题在于，多得了又想少缴，不好直接办就绕圈办，方法很简单，改变不了结果就改变前提，改变"所得"就得了。于是，一个数字的变量同时推动着背后一堆数字的变化。要改变后期结果，就得改变前期数字；要降低后面所得，就得加大前期成本，就得"编"报表。

围绕着"所得"问题，税务部门和企业的认识从来就不一致，不一致就得管理者说了算。税收的尺子是标准的，但丈量的方法是不标准的，是手工活儿。既然一些企业"编"出来的东西不是标准的东西，那么税务人员就有理由用非标准的手段去管理，可左可右、可减可免、可照顾可惩罚的情况就会不断增多。在这种情况下，多数企业都希望争取花小头省大头的结果。如果双方都有这样的期待并采取行之有效的方法，那么，掌握在管理者手上的那把丈量尺子的含金量该是很高的吧。

有很多时候，不是企业不守法，而是有不守法的先天条件；不是工作人员损公肥私，而是机会太多，是凡人无法不动凡心。在各城市的车站、广场流动人员多的地方，总有驱赶不尽的卖发票的人在吆喝：手撕的机打的发票，要什么有什么。野火烧不

○ 黎明企业观

站得高看得远，就普遍意义来说，没错，但都站在珠穆朗玛峰上也没必要，看到的都是云和雾，况且站高的成本也不低。凡事都有度，高度也有度，适应自己身高的高度，适合自己视力的高度，适合自己需要的高度，才可能是有价值的真正的高度。

176

尽，一定是常吹春天的风。有需求就会有供给，管理的漏洞由此可见一斑。

很多具体问题都是一样的，往往不是政策错了，而是政策执行的标准不一，导致空隙太大。如果企业完全按照那些条文规定执行，并不是企业就承受不了，接受不了，而在于其他不少企业并没有按照那些条文执行，而且能够不按那些条文执行，在同等竞争的条件下，尤其是与同类产品企业竞争对手相比，这样成本就是不一样的。自己吃点亏倒不要紧，要紧的是成本加大，市场竞争力自然就减弱，这种情况下就应了常说的那句话："老实人吃亏。"于是就形成一股倒逼暗流，不得已而为之，一些老实人也去干一些不老实的事，说是被逼出来的，也算是句老实话吧。

ⅢⅢ 法院的轻与重

可以说几乎没有不打官司的企业。你可以做到不告别人，但保证不了别人不告你。商品经济，市场行为，官司是再正常不过了。法官就是站在官司双方中间的裁判，是公正的代表。公正，成为核心关键要素。

我总是想不通，为什么要有那么多的司法解释呢？而且越来越多。判决是依据法律条文本身的，如果解释太多，说明条文本身就有很大的缺陷，应该返回去重修条文，而不是

解释条文。我们在制定法律、法规、制度时的最大问题是没有形成闭路回流循环体系，实际上是没有强行执行制度的制度，没有管法律的法律。

法律条文本身不细，客观上给法官裁判管辖的范围过大，法官的运动距离过宽，很难确定中轴线。比如，我们常听到的一些3~5年、从重从快、从轻处罚、自首情节、态度较好等不容易量化的概念。面对这些概念，很多情况只能凭印象、经验，"视"情节判断。"视"，就是用法官的眼睛去看，在这样巨大的一个空间里，法官自然就成了法师。企业、当事者怎能坐得住？空间这么大怎能不起来活动活动？

银行的缓与急

企业与银行的关系比较暧昧。暧昧，就是说不清，有事就见面，见面就有事。过去银行高高在上，企业很难靠近；现在银行有了商业化竞争，表面上放下架子与企业找平，对企业经常在嘴上亲切地称为银企一家人，形容为鱼水关系，宣称都是平等的互利双赢的关系，其实那是人家银行自谦的话，企业别太当真。

○ **黎明企业观**

自私是一种能量，社会的发展不是去消灭人性的自私，而在于努力激发人的被当时社会所认可允许的欲望，适度约束被当时社会认为容易出界的那一部分欲望冲动。于是国家就产生了法律，集体产生了制度，个人产生了道德。

实际上，银行本来就属贵族血统，占据着稀有的垄断性金融管制资源，平时自然衣食无忧，出了问题实际上还是国家在兜底。在这么优越的保护条件下，银行很难全身走进市场，功能完全商业化，服务客户全职化。因此，银行对于企业更乐于锦上添花，并不擅长雪中送炭，贷款的多与少、急与缓，银行说了算。

中小企业呢，标准的小草根。银行的选择余地大，企业的选择余地小，多数情况下还是企业求银行。关系不平等就会产生落差，商业地位的不平等直接造成商业权力，尤其是在垄断状态下的商业权力容易变化为行政权力，进而产生与税务、法律类似的问题。

▁▃▅ 媒体的来与去

与前三者有所不同的是很有意思的媒体。她们像一群小鸟飞来飞去，叽叽喳喳，企业进步她来采光，企业困难她来采风，让人欢喜让人忧。有时清纯可听，有时嘈杂刺耳；有时你想她的时候，她不来；有时不想她的时候，它会突然闯入，越不让叫，她叫的声音就越大。

不过比起前边三种情况，媒体相对比较单纯，对利益的要求一般比较直接，不用费神去猜。主要因素是现代媒体进入市场时间早，内部的市场化分配机制比较健全，外部市场化运作程度高。因此，省略了前期弯弯绕，无非围绕广告问题。媒

体发多少消息、作多少宣传，企业作相应价格的广告，形式可多种多样，直接广告、间接广告、软性广告、弹性广告，按字数、按版面、按栏目、按时间收费，明的暗的一口气说清楚。

这些问题说清楚了，其他问题在媒体上就说清楚了。把自己想说的话换成记者的话，顺着说，可以把企业的理想构思变成一个社会偶然发生的事件；反着说，也能把一件小事情整成一件社会关注的大事件。变化的机会，机会的变化，媒体就有这样的功能，机会与变化都可以制造。

机会主义

企业守法是最基本的要求。企业也深知违法的风险，铤而走险、打擦边球、鼠猫游戏尽管不能提倡，但多数企业不得不这样去做，其中一定是有问题的。我看主要的原因在于两个方面。

一个是"法"的适度性问题值得探讨。我的体会是，这种适度性有失度的缺口，主要对衡量"度"的客观理性判断太少，主观感性判断太多，因而失度。法律上的从重、从严、从快等都是不科学的、理性的口号，说明其背后必然存在从轻、从宽、从慢的情况。

○ **黎明企业观**

员工是企业整体的一部分，管理员工实质上也是在做一种生意，做生意要有诚意，想给员工戴几顶高帽子就让员工顺顺从从，这本身就没有诚意，没有诚意就得不到相应的回报。

180

许多城市都有几条"严管街",言下之意是不是可以理解其他的街道就是"松管街",就可以任意违规?不严密的意识实际蔓延在我们的周围,渗透在我们生活的角角落落。

另一个问题是管理的程序多,概念模糊,人为因素多。同一种情况,不同时间、不同的工作人员、不同的关系背景,税务的多收少收,法院的重判轻判,银行的贷与不贷,新闻稿件发与不发,都会有不同的结果,这些是公共的机会,同时也是企业的机会。

正常秩序乱了,只能按非正常的思维方式行进。十字路口堵车的时候,红绿灯失去了作用,谁先抢上道谁先走。正常的企业不能按正规的路线行走,很多事情需要按照潜规则、动用人情,拉关系、走后门。正规的企业不正规,不正规的做法反而如鱼得水,游刃有余。

当企业无论遇到大事还是小情,我们的思维习惯不是首先去判断这件事本身的来龙去脉、政策法律依据,而是想到哪些部门管这事,有没有熟人,谁能说上话。由此可见,熟人,人,在这些条文中占据多么重要的地位。我们的企业越走越人情化、乡土化、世俗化。

▥ 计算机会

上面这些机会对企业是有很大诱惑的,在很多情况下的确

是花小钱办大事省大钱了。但在我今天跳出来看这些事的时候，计算总账时，最后的结果是不划算的。当时觉得是把大事办了，实际上只是办了个开头，大事的大头还在后面没有完，随时都可能接着办或"黄庄"推倒重来。当时的确是省了大钱，今天再看，是你的钱跑不了，不是你的钱留不住，连本带息带罚，"年终"总会有决算，盈利在哪里？真可谓人算不如天算。

从眼前看，有很多做企业的人潜心于交际场合，有的人有针对性地去交往，有的人没有目的撒大网，认为交际场是个圈，山不转水转事不转人转天天转圈。有的企业一年四季都在请客，不断地转圈请客送礼，想着总有用得上的时候。这样做固然有很多有利之处，传统文化里人都是讲感情讲面子的，请客吃饭联络感情没错，有事帮忙都是朋友，自然比较省心；不利的地方在于，这样的交往层次不高，自己总是处于被动的求人看脸色状态。另外，请人吃饭很矛盾，花钱少了不阔气，花钱多了惹妒忌，费钱、费力，不讨好。

从长远看，问题首先在于我们的眼睛总是紧盯着那些机会，精神高度紧张，就像在高速公路上开车跑长途似的，没有松弛的时间，没有给思想留有思考、提升的时间。第二，长期处于被动状

○ 黎明企业观 ────────────────

各个国家制度不同，但军队的军师旅团营连排班、地方政府的省市县乡村的组织结构方式大同小异。目前，这种组织体已经成为企业里的一种通用的载体，谁都得用，谁都用得上。

态，时刻揣测别人心思过日子。苦心经营的成熟关系网络，上层变了、主事人调整了，都会随时打乱牌局，新官是不理旧账的，有的还需要重起炉灶另开张，没有持续发展上升的空间。第三，也是最重要最不引人注意的是，长时间下来人想问题的出发点不正，时间久了，心就跟着长偏了，心不正，脚就会跟着走歪了。最后的结果，我们也许真的回到了久远的"投机倒把"的时代。

过去我在企业工作，一半以上的时间都是花在处理外部这些关系上，现在回头想想，得到的结果都是短期的，一时一事之利，像火车票一样，过期就作废。现在我的体会是，那些关系过多牵扯精力对企业的价值不大，对个人的风险不小，建议我们干企业的同行，少走旁门左道，多行光明大道。

我们在媒体上看到的多少事，都是钱与权的结合而产生的两败俱伤的结局。随便看看那些暴利暴权暴富的爆炸吧：一批批高官前赴后继纷纷从房顶上掉下来，跌进开发商的土堆里，跌进钱权交易的陷阱里，轻则伤，重则亡。一个黄光裕竟能牵涉进去两千多官员，从北京到广东遍及祖国大江南北，令人瞠目结舌。这些进去的、跌倒的，过去都是哥们儿，都是想帮对方的，结果帮助进的不是原来酒桌子上说的那些地方。何苦呢？算算总账，真是不合算，苦了自己，也害了曾经的朋友。

机会是个中性词，往里面装的东西不一样，结果就不一样。偷东西，是生存的机会；诈骗，也是发财的机会；勤劳，

就是致富的机会。对于我们企业来说，机会很多，天天有机会，机会天天在，只要企业管家们把长期短期、正道邪道、大路小路这些关系都看明白想清楚了，选择机会的答案就有了。

心正身正走得正，走的正才能走得快走得远。

○ 黎明企业观 ────────────────────────

　　眼前的利益不小气，是短期利益也是长期利益，是企业的局部利益也是社会的整体利益。在大社会里，我们本来就是小角色，小人物把小事做好，本身就是对社会的大贡献。

学习，不要凑热闹

眼睛一亮——管理"宝典"在这里——眼睛瞪大——奇迹没出现——管理洋快餐——急功近利——暴教——暴学——市场驱动——奶酪喝醉了狼——吃自己能消化的东西——听自己能明白的话——全世界都在说中国话

企业管理者需要学习的东西很多，学习是费时、费钱、费劲的事，这些都是有限的资源。在商品经济条件下，主动愿意来做教练的人很多，摆在我们面前的学习机会也很多，我们要学会主动选择优秀教练，主动选择更有效有价值的培训，不要被动简单地求新求洋凑热闹。

前些年，有一批海外学子和国内学者热心地将大批美国商学院的企业管理教材引回国内。一时间，企业管理热潮涌起，谁若不清楚MBA，谁若不知哈佛商学院案例，谁若顺口说不出战略、行动力、没有任何借口等等名言，谁就不配干企业。往往是培训课堂上专家台上激情演绎，学员台下热烈回应互动，

那场面绝不亚于明星演唱会的热闹程度。

这时不少企业管家眼前忽然一亮：原来企业管理的"宝典"就在这里呀，解决企业所有问题的百宝箱、万能钥匙原来近在眼前。有的企业管家甚至在课堂上直拍大腿：这些现成的经典，如果我们早一点拿到手就不会走那么多的弯路嘛！接下来便会怀着激动的心情，真诚地花大把钱，毕恭毕敬地请来专业咨询公司制定战略、修改制度、优化人力资源配置、调整产业结构、创新产品、包装打造企业新形象等等。

一番热闹之后，期待着一下子能解决所有的问题，期待着出现翻天覆地变化的景象。结果呢，奇迹并没有出现，山也还是那座山，河也还是那条河。怎么回事？听说"奶酪"很有营养啊，企业管家那瞪大的双眼充满了疑问。

▥ 市场驱动的力量——急功近利

市场上任何一款产品都是由供需双方的利益驱动形成的。曾在企业风行时髦的哈佛式理论培训，实际上是一份"洋快餐"，到了

○ *黎明企业观*

我劝我们的企业管家们不要自作多情，其实，在官本位的传统文化里，企业在社会的实际地位并不高。记得中央电视台为自己做的一个广告是这样说的："因为站得更高，所以我们看得更远。"这句话是对的，人家没有吹牛，全国只有一个CCTV，人家本身就是站在最高处。但这个话倒过来说给我们企业也是合适的："因为站得不高，所以我们也看得不远。"

市场上一掺和上经济利益，最后就成为一份急功近利的速食品。也就是说，由于企业需求的"急功"，成就了培训机构供应的"近利"。

先从需求方看。中国企业改革开放的步伐太快了，企业需要解决的问题很多，企业管家们着急呀，希望在一夜之间能找到一本解决所有问题的百科全书，里面全部是治病救人的灵丹妙药。这么旺盛的市场需求，促使各类企业管理的培训如春笋在雨后，同时培训教师的出场费节节攀升，直逼歌星、体育明星。企业管家们如饥似渴地满天飞听课，请专家来企业讲课指点，有的企业管家干脆说，以后我什么也不干了，就是到处去听课、请专家，没有解决不了的问题。

过去我们形容有的人"暴发""暴富"，现在我们有的管理者对学习是不是也有"暴学"的倾向？有的企业管家总是想极力缩短这个过程，甚至想省略这个过程，就像大米从麻袋倒出来那样简单利索。这种短期的粗糙的倾向和润物细无声式的知识吸收、滋养过程显然是对立的。岂不知，很多事都能速成，唯有学习是无法速成的。

再从供应方来看。有了"暴学"的需求，市场上的"暴教"供应则水到渠成。高校、各类培训机构，台上的老师、台下的经纪人，出书、讲课、制碟本身形成了一个很大的市场供应链，尤其是在高校改革收费以来，教育产业化了，市场有什么需求，高校就造什么产品，或者说高校造好什么样的产品，

就引导市场去消费什么样的产品。当市场需求大、产品生产量小的时候，最好的办法当然是整件买入，大件卖出。于是我们的供应方就做起了批发业务，还显得整整齐齐、原汁原味、有模有样。

当培训成为商品的时候，造产品的人自然就会把怎样"卖得出"放在第一位，至于如何用得上、能用多用少那是购买者的事情，自然就排在第二位了。这本身是一种商业行为，也无可厚非，但要考虑商品怎样卖得出、卖得贵，就得把包装盒做得大于产品。像所有保健品一样，能一包装的得分成两包装，显得大方；颜色势必涂得浓重一点，显得喜气；再掺杂些英文，显得洋气。这是一般产品的规律，我们高校在引进加工给企业这些"洋快餐"时也没有违反这个规律的一般原则。

我自己也学了个EMBA，从我的体会来看，对整个近30门课程若用上、中、下来评价，基本上各占三分之一。在我评为"上"的课程里，我发现好的老师好的课程都是实实在在负责任地在研究探索当前企业的问题，都以大量的实践经验、实践调查为基础的；中等课程，说得过去，有了不嫌多，没有不嫌少；被我列在"下"范围内的课程不敢恭维也不敢批评。尽管有不少好老师、好课程让人收益不少，也认识不少同学同行，但毕竟学费不低，总的一算账，

○ **黎明企业现**

> 世界原本就这么大，你的财富空间、幸福快乐、痛苦悲伤的空间也就那么大，这个要多了，那个就得减少；不该要的要多了，该要的就要不了那么多了。

觉得是花的正品的钱，买了个打五折的东西。前一段时间从新闻上看到，国家将很多院校的这类培训给停了，没顾上看是什么原因，不过，我想还是国家站得高看得远，自有其道理。

急功近利的产物——奶酪喝醉了狼

理论脱离实际是我们教育机构由来已久的通病，到目前也没有得到有效的治疗，只是在不同时代表现出不同的时代特征罢了。20世纪80年代初，我们在大学里学的公共必修课政治经济学，整个是拧过来反着学的，等我们到社会上运用，必须要多一道程序，得首先把原先的东西拧回去，有时来不及倒程序，还常常发生混乱，影响了我们至少有十几年的时间，甚至是一代人的思想根基。那时呈现的是颠倒黑白的特征，责任是时代的，沉淀却留在了校园里。

今天的现象与昨天的问题不见得一下子就断得那么干净。大学生找不到工作，院校教育体制应该承担一份很重的责任。并不是社会发达到用不上大学生，而是现在学校培养的大学生脱离了社会的需求。高校更关注的是怎样把学生进门的门票价格调高，至于毕业生如何出门的问题并不重要，大学生找不到工作，顺手找些理论：市场经济、人才竞争、优胜劣汰，模模糊糊顺水推给社会。从这个角度看，大学老师收入比中小学老师高，责任可比他们低得多。

说的都是听来的，说的总比做得好的风气，弥漫在我们现实生活中，常常挥之不去。你看台上没干过企业的人在教台下正在干企业的人如何去干企业：原则一二三，秘诀四五六，案例七八九，严丝合缝，头头是道，有时真是误导不少企业，误了企业不少事。一时间，市场上企业管理理论超多，产品必然过剩，产品过剩就会泛滥，就会淹没那些数量不多的精品。

《谁动了你的奶酪》，一盘醇香浓郁的"奶酪"刚端出来，后边紧跟着一堆伪劣过期的奶制品：谁动了他的奶酪，谁敢动他的奶酪，他的奶酪谁动了，他的奶酪谁也没动……大量的类似"三聚氰胺"一样的东西迅速被掺进奶酪里；一部难得的思想力作《狼图腾》刚一露头，就被一群饿狼包围：狼性管理，如狼营销，培养狼员工，造就狼老总等类似内容的书籍充斥书店的货柜，一时间还挺吓人，感觉市场变猎场了。编书热、卖书热，不热就加热——领导科学大全，一生中不能不读的书，不能不看的电影，不能不听的音乐等等，仔细看看，没有一个字是自己写的。我想如果我用几天时间在网上将奶酪和狼的资料搅拌一下，出一本《狼动了你的奶酪》或《奶酪喝醉了一群狼》，说不准也会卖出一个不错的价钱吧。

○ 黎明企业观 ————————————————————

部分美国人与全世界很多人的膨胀野心取得了一致与默契，共同在地球上吹起了一个大气球，这个气球无限度地吹下去，在有限的时间里破灭那是必然的结果。一场金融闹剧的代价是少数美国人为自大埋单，世界多数人民为膨胀的人性刷卡。

吃能吸收消化的东西

我能体会我们的企业管家饥不择食的感受，我们都曾产生过许多冲动的想法和做法，这也许是一个企业管家成长的必要过程。但对于一个成熟的企业管家来说，理性选择、认识自我则是最基本的素质要求。

现代工业文明在西方产生，现代企业管理理论也在西方得到发展完善，进口的洋教材、洋教条本身是成熟的，是非常值得借鉴的。但这些洋教材对中国目前的企业来说，充其量只是我们去了解发达国家企业管理的一般性原理的资料之一，通过对比当前的现状，探讨一些今后可能发展的趋势，有一定的研究价值。我认为，至少目前它还不具备直接运用中国企业内部管理的条件，因为我们与人家无论是时间、实践，还是文化环境、法律条件、文明基础都差异不少、差距不小，有许多东西还不具备可比性。

比如说，前些年流行的《基业常青》《从优秀到卓越》等书籍，它研究的上百家优秀卓越的公司全部都是美国大企业及其他国家的大公司，没有一家是中国的企业。这些书研究问题依据的是企业大量生产经营的数据，这些书里没有引用我们中国的企业例证。我想不是我们的企业不重要，可能很大的一个障碍在于，他们搞不明白我们的一些基础数据。

我们的企业也有一大堆数据，先不说数据的逻辑性，单

就数据的真实性就很难辨别。由于报喜不报忧的思想习性，我们的数字往往是把好的方面往大里说，把不好的当然往小里说；由于我们的法律、制度设计的缺失，实际执行力软，人力弹性大，为好大喜功的层层水分数据提供温床，我们的统计始终没有走出笼统估计的圈子。我们的研究失去了基础，对话失去了条件，使用失去了功能，我们企业的基础、环境、条件与人家有很大的不同。

我们中国的企业管家们对这一类洋教程，看看还可以，别自作多情。人家的书本来就不是给你写的，千万别激动，更不要简单去照搬，我们需要用更多的时间认真研究自己的事情。对于我们大部分企业来说，前提是要先把企业的基础打牢，"长青"问题应排在第二位。如果我们还达不到"优秀"的标准，大可暂时不去考虑"卓越"的问题。

我们多数企业管家所得到的培训都不系统、不完整，游击队员居多，在一个不完善的市场单打独斗、摸爬滚打，有实践经验但没有形成系统的理论。自己做的饭固然可口好吃，但不能批量生产、工业化生产，我们能做的还是中餐。吃惯了豆浆油条、稀饭包子，吃西餐确实要有一个习惯过程。吃进去要有一个消化过程，消化

○ 黎明企业观 ────────────────

战略构想太远大，实际工作问题太具体，面对这一厚本子战略，看上去是个东西，用起来又不是个东西。不少企业花几百万买了一大张自己也看不懂、但还不得不频频点头的八卦图，战略规划往往成了企业"战略"里的误区。

要有一个提取营养的过程。光听说奶酪有营养还不行，重要的是能吃进去，能吃得惯，能吸收其中的营养才行。比如像我，到现在喝牛奶还容易反胃，原因不在于胃的功能，而在于胃的接受习惯上，因为我的胃从小就没有机会接受牛奶的训练。牛奶是公认的好东西，对多数人是有效的，对我则不见得有正面的效能。

学习是个终身的事情，为学历奋斗的时候要钻进书本里，为事业发展的时候要跟着人家后面学习，为提高自己的人生高度要跳出来学习。我建议搞企业的人不一定再多看那些企业管理大全的书了，留出时间把涉及哲学、文学、宗教、自然、宇宙，甚至人体解剖方面内容的书都可以看看，相关的、不相关的事情都可听听。不要把学习听课当做时髦，当做面子打扮自己。不是所有能吃的你都能吃，重要的是在现有的条件下，在单位时间内吃自己想吃的、能吃的、好消化的。

市场的形成有其内在的必然性，本身就是一个多元化优胜劣汰的发展过程。我们可以促进其优化，但我们去改变的能力太小，成本太大。就像到商场买东西，我们主要的精力是挑选自己喜欢的东西，而不是批评自己不喜欢的东西。我们的企业管家与其改变市场，不如改变自己，改变自己的观念和鉴赏能力，主动选择自己爱吃、能吃、好消化的东西。

全世界都在说中国话

我们国家在体育项目上请过不少洋教练，现在总的看来，洋教练短平快，解决了一时的难题，达到了官方要求的目标。比如当年的米卢带领中国足球队第一次，至今也还是唯一的一次闯进世界杯的赛场，但那一现的昙花并没有给中国队带来什么后劲，今天要不是球场上打架、赌球的丑闻不断，多数人几乎都快把他们忘了。反过来，像乒乓球、跳水、体操、射击、滑冰这些项目的教练员都是从本土开始一步一步走过来的，把这些项目推动得踏踏实实，有声有色。

我们中国不缺企业理论的研究家，也不缺企业管理的实干家，我们最缺的是两者的结合体。我在高校及专业培训机构听了不少专家教授的企业管理课程，本身讲得很深入，当时感觉很好，受益匪浅。但回到实践工作中，总觉得缺少一种系统的专业的可操作的东西。我们的企业管家闷头干活的多，花时间总结研究的少。有时我在想，培训师们应该到企业蹲上几年，研究者们应该去企业干上几年的实际工作，而我们的企业管家能静下心来，与教授们把自己的

○ **黎明企业观**

想想自己在企业时，那风那雨那阳光，成功也许是因为起初要的东西太多，用官面的话说是有理想、有抱负；失败是因为后来不要的东西太少，装东西的空间有限，东西多了就满了，满则溢，上面不冒下面就得漏，是个迟早的事。

实践用理论梳理一下，理应能总结出中国版的优秀管理之作。

过去，我遇到不少都是中国人的教练，可他们嘴里喜欢说的大多都是些外国话，或者发中国音说外国话，好不容易遇上会说中国话的，谁知又全说的是人家外国企业的那些事。现在社会上流行一种极其愚昧的教育孩子的时髦方法，将孩子送到封闭的外语授课或所谓的双语授课学校。岂不知，母语是基础，而且我们的母语又是那么的优秀厚重，不让幼苗在自家沃土里成长，却反其道而行之，我看这些家长自己应该先到文化扫盲班去补补课。同样的道理，我们的企业培训、研究也理应用母语去说母语周围环境里的那些事。

有首不错的歌叫《中国话》，歌词写得好："全世界都在讲中国话，孔夫子的话越来越国际化。"中国人更得说中国话，这是时髦的正版。

后记

真人与真实的会面

　　这些年心中总有一股暗流在向外涌动，手放在电脑的键盘上总想敲出点什么，诗歌不会，散文没劲，小说麻烦，回忆录太早，因而，都没有写出成形的文字。后来不知不觉凭自己的感觉随暗流的暗示，拼拼凑凑勤勤恳恳一字一句地写出了以上这么多的文字。

　　我不是在创作，而是在客观地记录曾经的思想印记。我要写的东西一定是那些从内心涌出来的，不说出来难受，不说出来觉得对不起朋友，对不起那些曾经同乐共苦的弟兄们。如同坐在咖啡厅休闲座的两边，我用絮絮叨叨说话的方式与对面的朋友聊天，只想说出自己心中想说的。说的这些不管是有意义的、无意义的，与我有关的人也好，与我无关的人也罢，这种内心的交流在我看来本身就

196

是一种价值。

我写的东西不严谨。我历来就习惯用我自己的语言方式，去说我自己看到的现象，哪怕是片面的，但一定是独有的角度，用大白话描绘我体会最深的那一部分。互联网太发达了，要想凑字数、找常规资料敲几下键盘就出来了，我不想多占用纸张堆积"库房"里的那些东西。因此，我的文字里有意不去引用名人名言，不使用典故，尽量不使用成语，更不说套话，不用别人讲过的案例来论证自己的观点，不说别人说过的话，即使有近似事件、现象，我也会用自己的语言、个性的角度去看、去说。

我写的东西不创新。围绕企业的"不要"，换了个不常见的角度，其中所说的都是企业里最常见的、最熟悉的那些事，谈不上理论高度，只是想把常见又常发生的问题重复说、加深说、退去一层层包裹布去说，说真实的，说重要的，说想说的，说多数人能听得懂的，说对人多少有点用的。目的很简单，就是想劝说那些正在行进中的企业管家们主动放下一部分无用的、作用不大的东西。轻装才能走快、走远。

我写的东西不广泛。我所要讨论的企业的概念，是我个人定义的。我自己做过十几年的企业，都在国内，都属于中小企业。我接触过的大部分企业家也是国内的。所以我前面所说的企业、企业管家等概念，都是在很小很局限的一个范围内，比较侧重我所经历过的那些中小企业。文中内容概括

企业 ENTERPRISE 不要管理

不了国内企业全面的问题，只说了一些我经历中体会比较深的那一部分，只代表我个人的观点。

我写的东西不光亮。我从背面看的比较多。背面不是反面，背面的东西只是我们看到的比较少，可能有些不习惯。在传统文化占主流的时候，很多精华的东西都是藏在背面的。相对于我们几千年形成的深厚的封建农业传统文化，真正的改革开放才刚刚30年，真正的商业文化我们才接触到皮毛。我们往往显得稚嫩而不知所措，我们一开始就被突如其来的正面亮光所夺目，还来不及看它的背面，或者确切地说，我们还没有学会用成熟的目光去多角度看企业的方法。企业要长大就要成熟，要成熟就要学会从不同角度看企业的上面、下面、正面、侧面，当然还有背面。看企业的背面阴影，并不妨碍正面的光亮。相反，明暗对比，更显现其立体与亮度。

我既不喜欢罗列成功企业的经典案例，也不热衷对失败企业的刨根问底，我最为关注的是那些走在中间地带优势很多、问题不少、快速行进中的企业。我所关注的是事前的"天气预报"，不是暴风雨后的事故报道。企业实现盈利是从两个方面获得的——多赚与少赔，说前者的人多，我的侧重点是在后面。我探讨的都是小病，我用的都是土方子，用土罐子熬中药，治内病、治土病、治慢性病，主要目的是为了预防大病。

当这些稿件整理得差不多的时候，我才发现自己真的已经将大半个身子都陷进企业了，盘算一下自己的工作经历，与企业有关联的时间占了一半之多。经常会有朋友帮我计算这一段的得得失失，最后各式各样的结果都和我的答案相差较远，因为我算的内容和方法与他们不太一样。被我列入计算内容的全是过去自己得到的东西，至于那些失去的东西，本来就不属于我，早就不在我的计算范围之内。而且我只用加法乘法去计算：亲友爱护我，同事支持我，朋友帮助我，老天恩宠我，我得到的是完整的职业人格、独立的男人风格以及不断向上提升的做人品格。想想看，没有比这些价值更大的人生财富了。最后，我计算的结果是：感恩。

我们这一代人成长在理想的时代，真实的、虚幻的交织在一起。理想，早已经渗透到我们的血液里，以至于现在的我对未来还充满着比年轻时还要更多美好的理想。

当这部书定稿的时候，我才发现自己已经是个真真正正的企业人了。原来我自己一直都在琢磨企业里的那些事，原来我对曾经的企业、现在的企业、今后的企业感触之深、感觉之多、感情之深实在是超出了过去理想设定的范围。

我长长地舒了一口气，自己的理想终于得以定位——做企业的事，悟企业的事，写企业的事——将来能做一家正规的企业医院，成为一名合格的企业中医。

企业 ENTERPRISE 不要管理